くらしきピーポー探偵団が行く！
りんてつ沿線手帖
水島臨海鉄道
倉敷商工会議所青年部編

はじめに

　水島臨海鉄道沿線手帖。それは、倉敷と水島を結ぶ水島臨海鉄道の魅力を発掘するべく結成された「くらしきピーポー探偵団」が、半年の歳月をかけて沿線を歩き回って集めた過去→現在→未来の情報を書き込んだ手帖。
　くらしきピーポー探偵団とは、その昔蒸気機関車が走っていたころ、その汽笛の音が「ピーポー」と聞こえたことから名付けられた鉄道の愛称を由来とし、そこに集められた若き勇者の集団である。
　さぁ、貴重な資料に彩られた手帖を一頁一頁じっくりと味わってみて欲しい。きっとあなたにとって未知なる「知られざる世界 水島」のディープな魅力の虜になるはずだ。そして、今度はあなたが沿線を探索し、新たに見つけた情報を書き込んでこの偉大なる冒険手帖を完成させてくれたまえ。

ご挨拶

倉敷商工会議所青年部
　会長　中田　一広

　『水島臨海鉄道沿線手帖〜くらしきピーポー探偵団が行く！』をお届けします。この手帖は、倉敷市民の足として歴史を積み重ねてきた水島臨海鉄道の歴史を振り返り、沿線の魅力を掘り起こそうと、倉敷商工会議所青年部が創立20周年の記念事業として取り組んだものです。
　作成にあたっては、水島臨海鉄道株式会社様、倉敷芸術科学大学、くらしき作陽大学及び倉敷中央高校をはじめ多くの学生、生徒の皆様、また、多くの地域の皆様には多大なるご理解とご協力を賜りました。誠に有難うございます。
　ガイドブックは、学生や生徒の皆様と青年部の会員が一緒に取材し、写真を撮影し、編集等を行い、完成させたものです。ふだん水島臨海鉄道を通勤、通学で利用されている方々でも意外と知られていないような情報も掲載されていますので、多くの皆様にご覧いただき、また利用していただければ制作者としてたいへん嬉しく思います。
　今後とも、倉敷商工会議所青年部の活動にご理解とご協力のほど、宜しくお願い申し上げます。

『水島臨海鉄道沿線手帖〜くらしきピーポー探偵団が行く！』出版によせて

水島臨海鉄道株式会社
　代表取締役社長　伊東　香織

　『水島臨海鉄道沿線手帖〜くらしきピーポー探偵団が行く！』出版、誠におめでとうございます。この手帖が、倉敷商工会議所青年部、学生、生徒の皆様による産学連携、協力により作成されましたことに、深く敬意を表しますとともに、心から感謝を申し上げます。
　今後、多くの方々が、手帖を手に水島臨海鉄道を利用して沿線を訪ねていただくことにより、利用促進が図られるとともに、沿線の活性化に繋がることを期待しています。
　鉄道などの公共交通は、重要な移動手段であり、これからも、通勤、通学、通院、買物などに利用していただけるよう、皆様に愛される「ピーポー」を目指してまいります。

(写真撮影：畑　勝明)

目次

水島臨海鉄道全線マップ・・・・・・・・・・・・・・・・・・・・・・・・・・・・・・・ 6

水島臨海鉄道に乗ってみよう!!・・・・・・・・・・・・・・・・・・・・・・・・・ 8

倉敷市駅・・・ 10

球場前駅・・・ 16

西富井駅・・・ 22

福井駅・・・ 30

浦田駅・・・ 36

弥生駅・・・ 42

栄駅・・・ 48

常盤駅・・・ 56

水島駅・・・ 64

三菱自工前駅・・・・・・・・・・・・・・・・・・・・・・・・・・・・・・・・・・・・・・ 70

沿線食材レシピ・・・・・・・・・・・・・・・・・・・・・・・	76
水島臨海鉄道の魅力・・・・・・・・・・・・・・・・・・・・	82
水島臨海鉄道の歴史・・・・・・・・・・・・・・・・・・・・	84
水島臨海鉄道と沿線の未来予想・・・・・・・・・・・・・・	87
索引・・・・・・・・・・・・・・・・・・・・・・・・・・・・・・	90
くらしきピーポー探偵団メンバー紹介・・・・・・・・・・	94
おわりに・・・・・・・・・・・・・・・・・・・・・・・・・・・	96
著者紹介・・・・・・・・・・・・・・・・・・・・・・・・・・・	100

絵・イラスト：阿部真由子
久保　知樹

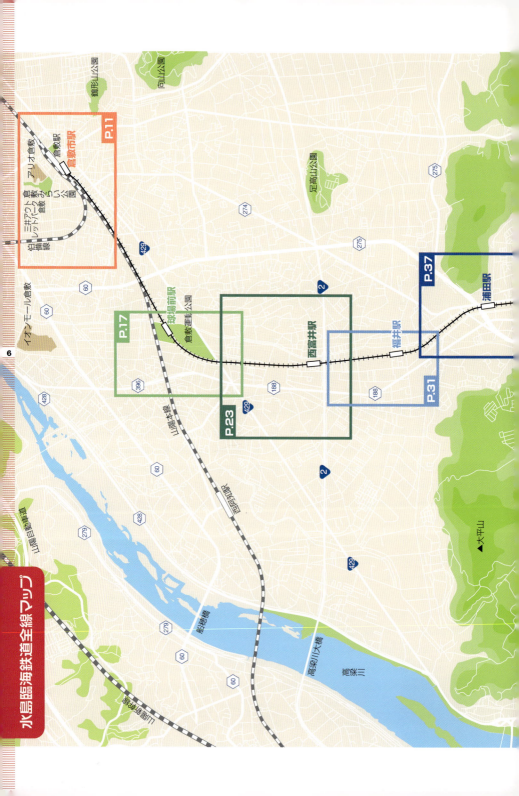

水島臨海鉄道に乗ってみよう!!

JR倉敷駅から倉敷市駅への乗り換え方法

普段利用している人にとっては、普通に分かる道順ですが、初めて利用される方にとっては、分かりにくいかも

❶ JR倉敷駅改札を出る　　❷ 南口へ進む

❸ 上に看板があります　　❹ 右側の階段から1Fへ　　❺ 右へ直進。看板が見えてきます

倉敷市駅のイケメンの駅員さん♪

七夕、クリスマスなどの季節ごとの行事に合わせて車内の装飾を変えています。

春になると球場前駅から西富井駅の桜がキレイですよ!!水島駅から三菱自工前駅は海と海上保安庁や工場が一望できます。

(高校生の間ではちょっと有名!? ちなみに、イケメン駅員さんはあと5〜6人いるみたい…)

きっぷの買い方

駅や車両タイプによって、きっぷの買い方や降車方法が違うので要注意。
券売機がある倉敷市駅・水島駅では、乗車券を券売機で購入。
券売機がない駅では、乗車後に整理券を取り、降車時に料金を支払う。但し二両編成の場合は車掌さんに直接支払う。

ワンマン列車の乗り方

水島臨海鉄道の旅客車両の多くは、ワンマン列車。後ろ乗り、前降りが原則になっているので覚えておこう。但し、倉敷市駅では前後どちらのドアでも乗り降りできる。

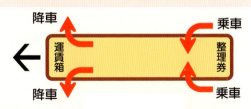

乗車時に車内で整理券を取る

一両（ワンマン列車）の場合
※降車時に運賃と整理券を入れる

二両の場合
※降車時に乗車券を車掌さんに渡す

所要時間

倉敷市駅→三菱自工前駅までは、片道約26分。

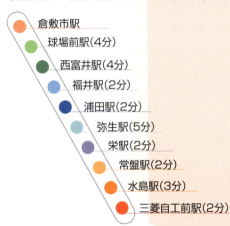
- 倉敷市駅
- 球場前駅(4分)
- 西富井駅(4分)
- 福井駅(2分)
- 浦田駅(2分)
- 弥生駅(5分)
- 栄駅(2分)
- 常盤駅(2分)
- 水島駅(3分)
- 三菱自工前駅(2分)

「ピーポー車窓ガイド」

水島臨海鉄道に乗ったら、ステキな声の「車窓ガイド」をぜひご利用ください。

案内（下り）倉敷中央高校放送文化部
　　（上り）倉敷古城池高校放送部

- http://www.city.kurashiki.okayama.jp/piposhasogaido/
- 問い合わせ：倉敷市水島支所産業課
　　　　　　電話：086-446-1113

倉敷市駅
くらしきし

倉敷市駅 → 球場前

昭和43年の旧倉敷市駅（倉敷市所蔵）

水島へつながる玄関口

水島臨海鉄道の駅では唯一の終日有人駅。またJR倉敷駅に隣接しており、歩いて約1分に所在する。昭和18(1943)年に三菱重工業水島航空機製作所専用鉄道の駅として開業。昭和23(1948)年8月に「社倉敷駅」として水島港駅までを地方鉄道として開業した。昭和27(1952)年に倉敷市駅と改称され、昭和56(1981)年に現在の位置へ移転されている。

❶ レンタル自転車利用、倉敷 健彩館

倉敷市駅の駅舎内にあるレンタサイクルのお店。観光、ビジネス、近郊の人の利用、サイクリングなど用途は幅広い。折りたたみ自転車なので、電車内に持ち込んで降りた駅から自転車で散策することも可能。「駅前という立地なので、行動範囲の広いレンタサイクルを、少しでも沢山の人に気軽に利用してもらえたら嬉しい」と、店主の和木さん。英語が話せるため、外国人観光客からも好評。倉敷市認定の「おもてなし処」にも登録されている。店内コインロッカー完備、店舗営業時間外・定休日返却も可。

住所：倉敷市阿知1-1-2 水島臨海鉄道 倉敷市駅 駅舎内
電話：086-476-6700
営業時間：8:00～18:00
定休日：水曜日（祝日・イベント時は営業）

レンタルプラン
（2017年2月現在）

- 基本料金 1時間200円～

| ●終日利用 | ●25時間利用 | ●2日間利用 | ●3日間利用 |

- 夜間利用（当日17:00～翌日9:00）
- その他長期利用など

※初回利用時は会員登録を含む保険登録手数料100円が必要

おすすめ View point（撮影スポット：陸橋）

倉敷市駅から徒歩約5分。線路沿いで南西方向に見える大きな陸橋。階段の両端が坂になっているので自転車も押して上がれる。陸橋からはJR山陽本線、伯備線、水島臨海鉄道が一望でき、知る人ぞ知るビューポイントになっている。

陸橋から望む水島臨海鉄道

倉敷市駅
球場前

1枚の記憶

旧倉敷市駅
（撮影：安藤弘志氏）

昭和33年の旧倉敷市駅。現在の駅より西側の陸橋のあるあたりにあった。

❷ 大衆割烹 千成

水島臨海鉄道倉敷市駅を出て目の前にある千成さん。お店のこだわりは伊賀焼の土鍋で炊いた倉敷産のあきたこまち。そのご飯と新鮮な魚介類をふんだんに使った海鮮丼が人気。600円とお手軽な価格なのも嬉しい。さらにお店に所狭しと並んだ数十種類の日本酒、焼酎の数々もお店のこだわりのひとつ。忘年会や新年会に打って付け。お酒を飲んだ帰りは水島臨海鉄道がおすすめです。「地元の人々との繋がりができて嬉しい」と話す店主の岡田裕司さんからは気さくな人柄がうかがえる。客席は個室になっており、落ち着いた雰囲気の中、素材を生かした地元料理や地酒をおなかいっぱい頂くことができる。

住所：倉敷市阿知1丁目14-21
電話：問合わせ用086-425-7737 予約用050-5869-0326
営業時間：11:30～14:00（L.O.13:30）17:30～22:00（L.O.21:30）
定休日：日曜日、連休の場合は最終祝日

❸ 倉敷市立西中学校

岡山県でも有数の大規模校である倉敷市立西中学校は、県内唯一の木造校舎の中学校である。
入口付近には、卒業生が制作した北側校舎を忠実に再現した模型がある。「倉敷No.1の西中」を合言葉に4つのNo.1を目指している。「明るさNo.1」「元気さNo.1」「前向きさNo.1」「優しさNo.1」である。この合言葉のように西中学校は明るく、元気で思いやりのある学校である。

住所：倉敷市日吉町205
電話：086-422-6030

❹ 倉敷三斎市

毎月、第3日曜日の朝、倉敷駅前商店街を中心として開催され、地産地消の特産品や名産品が集う名物市としても大変愛されている朝市。
11年目を迎えた平成28年からは、高梁川流域の各地域とより一層連携を深め、毎月各々の地域をテーマとして運営されるようになり、定番商品から珍しい特産物などが登場することで、ますます賑わいを見せている。

高梁川流域「倉敷三斎市」
開催場所：倉敷駅前商店街及びその周辺
営業時間：毎月第3日曜日　8:00～11:00

問い合わせ
倉敷商工会議所内
高梁川流域「倉敷三斎市」実行委員会
〒710-8585　倉敷市白楽町249-5　電話：086-424-2111

千屋牛はいかが？

くらモニ合唱団とくらモニちゃん

西中学校ボランティア

倉敷市立西中学校は、木造建築であるので老朽化が著しい。毎年8月の第3日曜日に岡山建設労働組合倉敷支部が無償で建物の修繕工事を行っている。
倉敷市の重要文化財に指定されている校舎の修繕工事は今年で31回目となる。ボランティアには組合の方々だけでなく、西中のOB、OGも参加しており地域で学校を守っていると感じられる。多くの人から長年愛されてきた校舎である。

「倉敷三斎市」倉商・水工の取り組み

倉敷商業高校

「倉敷来夢」という模擬商店を掲げ、倉敷商業高校は、平成18年から地域貢献活動の一環として倉敷三斎市に参加。
生徒たちが考えたオリジナル商品の販売や、三斎市本部での場内アナウンスを担当するなど三斎市を盛り上げるために活動している。
毎月第3日曜日は、倉敷駅前商店街へ！

倉敷三斎市で商品を販売する生徒たち

大人気商品「倉敷浪漫」

水島工業高校

「本物を目指す」というキーワードを大切にし、ものづくりを柱とした様々な活動に取り組んでおり、「"飛び出せ！水工生"出前ものづくり教室」として、年10回、月替わりで倉敷三斎市に参加。
年齢の離れた方と普段話をする機会が少ない私たちにとって、礼儀やコミュニケーション力を磨く楽しい校外学習の場。私たちの取り組みに是非参加を！

ねじロボットづくり

ソーラーカーづくり

球場前駅
きゅうじょうまえ

球場前駅	
倉敷市	西富井

昭和33年の旧球場前駅

スポーツにあふれた町

昭和24(1949)年5月に開業。昭和48(1973)年に旧国道2号線近くから500m倉敷市駅寄りの現在地に移転されている。
倉敷運動公園の東端にあり駅名の由来である倉敷市営球場をはじめ陸上競技場等の運動施設に囲まれている。倉敷市駅の次に到着する駅であり、約2kmの距離にある。

❶ 中国料理 娘娘

香港で料理の腕を磨いた料理長が作る本格中華料理をリーズナブルに食べられる広東料理の人気店。料理は全て手作りで、フカヒレなどこだわりの食材は本場の香港から直接良いものを仕入れている。あっさりした味付けで食材の味を活かしているのが特徴的。海鮮料理も自慢の一つで、新鮮な海の幸をたっぷりと味わえる。
食器はオーダーメイド。テーブルも中国でデザインしたものを使用しているなど、拘りを感じる高級感ある雰囲気を楽しめるのも魅力。

住所	倉敷市中島2370-27
電話	086-465-9676
営業時間	11:30～15:00(O.S.14:00) 17:00～22:30(O.S.21:30)
定休日	年中無休(元旦のみお休み)

2,160円のコース(2人前)

❷ 菓子工房 プチ・ブラン

地元に愛される素朴で飽きないスイーツを作り続ける菓子工房。オススメはシフォンケーキ(1,100円)。県外でパティシエ修行をした後、ご両親が営んでいた駄菓子屋を改装して開店した。「お客さんの笑顔や声が嬉しい」と話す平野さんの笑顔とアットホームな雰囲気がとても素敵だった。

住所	倉敷市中島2296-1
電話	086-465-1165
営業時間	10:00～19:00
定休日	火曜日

Ⓐ 中洲小学校のクスノキ

倉敷市の市木はクスノキ。中洲小学校の校庭の中央には学校のシンボルとして親しまれる大きなクスノキが立っている。このクスノキは昭和30年頃の航空写真には既に確認できる(写真中央)。

昭和30年頃の中洲小学校

❸ 株式会社カンキュー

株式会社カンキューは、日本で数社だけの魚肉シートを製造している会社である。魚肉シートは魚のすり身を加工した物で、主に珍味やお菓子などに使用されている。季節による魚の味の変化があるので、熟練の職人が産地やブレンドを調整して常に同じ品質を保っている。

住所：倉敷市四十瀬331-3
電話：086-422-8500
定休日：土曜日、日曜日、祝日

❹ 倉敷武道館

柔道、剣道、空手、相撲など格技は全てこの武道館でできるようになっている。相撲場は県下唯一の屋内相撲場。中国地方のミニ国体の会場とされる。柔道場は競技場3面を有し、常設の柔道場としては、県下一の広さを誇る。尚、個人への貸し出しは行っておらず、団体単位での貸し出しとなっている。

住所：倉敷市四十瀬4-1
電話：086-466-0049
受付時間：15:00〜21:00
休館日：月曜日、祝日、年末年始（12月29日〜1月3日）

土俵

柔道場

５ 倉敷運動公園(野球場、テニスコート、陸上競技場、弓道場、ウエイトリフティング場、トレーニングルーム、プール)

昭和22年より倉敷総合運動場として整備され年間を通して各種大会が数多く開催されている。またリーズナブルな価格で施設を利用することができる。

住所：倉敷市四十瀬4
電話：086-425-0856

a 倉敷市営球場

昭和24年に開場。昭和56年に行われた国際親善試合に際し、大改装を行い現在の形に近い姿になった。収容能力約1万人。

利用時間：
4月〜9月 8:00〜22:00
10月〜11月・3月 8:00〜22:00
12月〜2月 8:00〜22:00

b トレーニングルーム

市営球場の1階にあり、1回216円で利用出来る。専用のシャワー、トイレ、更衣室が完備されている。

利用時間：
平日 9:00〜21:00
土日祝日 9:00〜19:00

c ウエイトリフティング場

バドミントン、卓球、健康体操など幅広く利用できる。

利用時間：8:00〜22:00

d 陸上競技場

本格的な陸上種目器具が完備されている。

利用時間：8:30〜21:00

e プール

無料で利用することができる(小学生以下)。営業時期は7月下旬〜8月30日。安全管理のため、監視員が常時配置され水質管理も徹底されている。

利用時間：8:30〜21:00

f テニスコート

全天候型オムニコート6面とナイター設備を有する。

利用時間：
4月〜9月 6:00〜21:00
10月〜11月・3月 7:00〜21:00
12月〜2月 8:00〜21:00

g 弓道場

遠的・近的の両方の道場を備えた倉敷市内で唯一の弓道場である。

利用時間：
8:30〜22:00

h 軟式野球場

利用時間：
4月〜9月 6:00〜21:00
10月〜11月・3月 7:00〜21:00
12月〜2月 8:00〜21:00

1枚の記憶

四十瀬
（撮影：安藤弘志氏 倉敷市所蔵）

昭和31年、現在の旧2号線の上を通る貨物列車。写真右方向が旧球場前駅。

倉工応援団と市営球場の思い出

倉敷工業高校　第十六代応援団長　土倉庸一郎さん

若かりし頃、倉敷工業高校の応援団長だった土倉さん。市営球場の一番の思い出は、県予選や水島工業高校との対抗戦。2校の運動部員が互いのグラウンドや体育館で対決。その最後には試合を終えた全生徒が、市営球場に集まって野球部の試合を応援するのがならわしだったそう。
野球部は甲子園の常連校で、1学年100名を超える部員。その中から応援団に転籍する生徒も多数いて、土倉さんもその一人。市営球場の補助球場でよく野球をしていたらしい。
臨海鉄道で下校する倉敷中央高校の女子生徒に手を振るのが楽しみだったとか。
私たちなら手を振ってあげるけど、当時はどうだったのかな？

仲間で作った野球クラブ

昭和51年 夏の高校野球大会県予選のとき

西富井駅

球場前 ← 西富井駅 → 福井

昭和28年の旧西富井駅

暮らしの基点となる場所

昭和24（1949）年11月に開業。無人駅で、周辺は密集した住宅地である。
住宅地とはいえ、駅南側の鉄道高架線の下には国道2号線が走っており、西の産業道路沿いには大型店や金融機関、教習所、病院などがある。また、飲食店も数多くあり暮らしやすい地域になっている。

①	ふるいち 富井工場	⑤	EYE'S ARENA	⑨	ルシカ	Ⓑ 穴場神社
②	丸五ゴム工業	⑥	Let's剛	⑩	キッチンカフェめんどりや	
③	リンクスランドゴルフクラブ	⑦	東方鐵工 倉敷天領大黒	⑪	クレープ倉敷小町	
④	倉敷自動車教習所	⑧	倉敷紀念病院	Ⓐ	専売公社引き込み線跡	

① 株式会社ふるいち 富井工場

倉敷では有名な「ぶっかけうどん」ふるいちの外売り用の冷凍麺を製造している工場。一日に5,000玉の冷凍麺をここで製造している。
麺の中に空気を入れているので食感がふんわりとしている。作った冷凍麺は通信販売や量販店で販売。通信販売は全国対応。

住所：倉敷市上富井3-21
電話：086-423-8899
営業時間：9:00〜17:00
定休日：年中無休

ぶっかけ凍らし麺8人前（3,200円）

② 丸五ゴム工業株式会社

大正8年創業、元々は地下足袋を製造していたが、製造技術を応用して、昭和29年に自動車のゴム部品製造工場を建設。取引先は三菱やダイハツ、スズキ等の自動車会社が多い。学校等の団体からの依頼があれば工場見学もやっているそう。地域との取り組みとして高梁川や児島湾の清掃も行っている。

住所：倉敷市上富井58
電話：086-422-5111
休日：土曜日、日曜日

Ⓐ 専売公社引き込み線跡

倉敷市上富井にあった旧専売公社の工場に、貨物列車用の引き込み線が存在した。平成8（1996）年に工場の閉鎖により撤去された。
現在、引き込み線跡は、丸五ゴム工業の西側に隣接している。

二股の間に階段がある

本線から地上に降りてきたところ。標識が残っている

❸ リンクスランド ゴルフクラブ

全部で68打席。200ヤードの敷地。広い打席のためゆったりと打てる。早朝は入場料無料(通常の入場料は216円)。学割もある。月会費制のゴルフレッスンも行っている。子供も多い。自由な時間帯にレッスン出来る。家族で楽しめるイベント(アイス、かき氷プレゼントやゲームなど)もよく行っているそう。

住所:倉敷市上富井509-3	
電話:086-430-0300	
営業時間:6:00～24:00	
4月～秋頃 金、土、祝前 6:00～25:00	
定休日:年中無休	

❹ 倉敷自動車教習所

昭和35年創業、年間3,000人が卒業する自動車教習所。全館バリアフリー。カフェスペースやレディーススペース、託児所もあり、様々な人が利用しやすい。送迎バスがあり外国人の指導員と手話の出来る指導員もいるため遠くから来る人も多い。毎日入所、検定出来るのが特徴。利用者は若い人から高齢者まで様々。

住所:倉敷市中島2236-100	
電話:086-465-9222	
営業時間:9:30～20:30	
定休日:年末年始	

❺ EYE'S ARENA(アイズ アリーナ)

有名な12のブランド眼鏡を取り扱っているお店。どの商品も高品質でデザイン性が高く、全てハンドメイドというのが特長。中には一点モノもある。アドバイスを頼むと店長の西山さんがお客様にあったパーソナルカラーを提示しそのお客様にあった眼鏡を選んでくれる。

住所:倉敷市中島821-1	
電話:086-441-2330	
営業時間:11:00～19:00	
定休日:火曜日	

⑥ Let's 剛（れっつごう）

おすすめは3日間じっくりタレに付け込んだ手羽先（1本160円）。予約可。居酒屋だが昼も営業している。ランチは店長のお母さん手作りで地元の食材を使ったおふくろの味を提供。店長の吉田正剛さんは「お店のこだわりを知らなくても自然とお客さんに美味しいと言ってもらえる事が嬉しいし、そのような料理を提供していきたい」と語る。

住所	倉敷市中島828-1　都市開発ビル中島1F
電話	086-466-1661
営業時間	11:30〜15:00（L.O.14:30）18:00〜24:00
定休日	日曜日（予約あれば営業）

⑦ 東万繊工株式会社 倉敷天領大黒

岡山県産丹波種黒大豆を使用した「倉敷天領大黒」の製造をしている。出来上がった商品は岡山の高島屋や倉敷の天満屋や美観地区の佐野屋、三斎市や他のイベントなどで販売している。看板商品は黒豆にきな粉をまぶした「きなころりん」。野外のイベント販売では、黒豆を使用したソフトアイスやぜんざいも販売、赤い車が目印。豆特有の香ばしい香りが特徴。

住所	倉敷市中島760-1
電話	086-465-3611
営業時間	不定期
休日	不定期

⑧ 倉敷紀念病院

昭和43年創業、福寿荘や誠和会在宅センター、コージー、和、ますみ荘といったリハビリ施設や高齢者施設などが隣接しており、地域と共に医療を支える取り組みを実施している。各種施設の母体として病院があるので何か症状が出た時にすぐに対処できる。また地域の発表の場などとして施設の提供も行っている。

住所	倉敷市中島831
電話	086-465-0011
営業時間	9:00〜12:00、15:00〜18:00（土曜は午前のみ）
休日	土曜日午後、日曜日、祝祭日

⑨ ルシカ

人気の商品は黄金ロール（こがね）（1,080円）。その他にもプリン、エクレア、マカロンなど様々なお菓子がある。黄金ロールの名前は黄卵をふんだんに使ったカスタードクリームから。オーナーの貝原さんは約15年修行をしたのち現在のルシカを開いた。地元の良いところを聞くと、「昔ながらの家などもあり、人が穏やかなところがいい」と言っていた。

住所	倉敷市中島894-3
電話	086-465-3287
営業時間	10:00〜19:30
休日	水曜日

1枚の記憶

旧日本専売公社
（撮影：安藤弘志氏　倉敷市所蔵）

昭和38年の日本専売公社葉たばこ再乾燥工場。引き込み線で貨物の輸送が盛んだった。現在は住宅地に。

🔟 キッチンカフェ　めんどりや

おすすめメニューは、食材にこだわった手作りの「日替わり弁当」(500円)。お弁当は必ず20品目以上の食材を使っている。色合いの良いお弁当を作っているため栄養バランスが取れている。
その他にもクレープやスムージー、フライドポテトなどのサイドメニューも豊富。

住所：倉敷中島905-1
電話：086-465-5060
営業時間：11:00～18:00
定休日：月曜日

Ⓑ 穴場神社(あなばじんじゃ)

磐長姫命(いわながひめ)が祭られている神社。堅牢地神(けんろうじしん)も祭られているため「堅牢地神社」とも呼ばれている。磐長姫は大山積神の御子神(みこがみ)で天照大神の孫神瓊瓊杵尊のお妃である木花開耶姫(このはなさくやひめ)の姉にあたる。1798年に大山祇神社からご分霊を頂きこの穴場神社に鎮座している。

長命富貴の神、陰陽の守護神、家庭円満、交通安全の守り神。女性の神様なので性病の治癒のご利益もある。
境内には桜や市の「倉敷の巨樹」に認定されている銀杏の木がある。幹の周囲321㎝。

住所:倉敷市中島2801

砂持ち祭

1751年に高梁川の氾濫などで伝染病が流行。そこで村人たちは神様にお祈りし、高梁川のきれいな産砂を容器に盛り、それを神社に供えお祈りした。すると洪水が治まり、病気が取り除かれた。それが砂持ち祭の始まりと言い伝えられている。現在では道砂樽(とんぼ)を担いで堤灯行列をして神社へ運んで供える行事になった。
道中ますみ荘があり、そこでは同日に盆踊り大会をしている。

祭礼日
1月11日:地神祭
3月社日:地神祭
5月25日、26日:春祭
8月旧盆明け:砂持ち祭り
9月社日:地神祭
10月25日、26日:秋祭り

⑪ クレープ倉敷小町

人気の商品は生チョコバナナ(320円)。夏はかき氷のアイスクリームのせやアイスクレープも人気の商品。クレープの生地にはこだわりがあり、卵や小麦粉などの他に豆乳と米粉を使用している。トッピングの種類も豊富。自分の好きなものをセレクトしてオリジナルのクレープを作ることが可能。客層は小・中学生や高校生、小さな子供連れの親子などが多い。

住所:倉敷市東富井723-1 ロックセンタービル1階西
電話:086-434-2811
営業時間:13:00~19:00
定休日:水曜日・第1日曜日

水島臨海鉄道沿線手帖
くらしきピーポー探偵団が行く!

へ〜 なるほど‥ そうなんじゃ‥が いっぱい!!

さて探しに行くか!

地元学生が足で調べた
ディープな沿線ガイド&物語

200名弱の学生・生徒さんが、青年部メンバーと一緒に水島臨海鉄道沿線の身近に存在する魅力を発見!!!
鉄道の変遷、沿線店舗や工場、史跡や景観また、地域行事の情報も!!!

みなさんも探検してね!

なるほどね‥。

緊張する‥‥。

貴重な体験!!

新しい発見!

そうなんだ!

学生・生徒の感想

今回の取材や編集活動を通じて、社会的な礼儀・作法や地域に密着する大切さを体験により学びました。(大学生)

当ガイドブックが沿線地域の魅力を少しでも多く伝え活気を運んでくれることを祈ります。(高校生)

取材を重ねていくにつれて、水島のことをもっと知りたいと思うようになった。多くの人との出会いもあり自分の価値観や考えが広がったことに感謝しています。(大学生)

二度とない貴重な体験ができ勉強になりました。(大学生)

この本と共に素敵な旅をしてほしいです。(大学生)　ほか…

福井駅
西富井｜浦田

福井駅
ふくい

福井駅	
西富井	浦田

昭和45年の福井駅周辺

中・高生たちで賑わう町

平成元(1989)年3月29日から営業を始めた。辺りを見回すと、心温まる住宅街や広大な農地が広がる。近場には倉敷市立南中学校、岡山県立倉敷中央高校があり束の間の青春を楽しむ中・高生の行き交う活気あふれる町。
倉敷市立南中学校の駐輪場は、水島臨海鉄道の高架下を利用している。

- ① 岡山県立倉敷中央高校
- ② 倉敷市立南中学校
- ③ 名物うどん横田
- ④ 菓子工房 菓の森
- ⑤ 板谷畳店
- ⑥ 中国伝統整体 元気のツボ
- ⑦ 倉敷ケーブルテレビ

❶ 岡山県立倉敷中央高校

普通科、普通科子どもコース、普通科健康スポーツコース、家政科、看護科、福祉科で編成されている。毎年合唱祭が行われ3学年で競われる。予選、本選がありとても盛り上がるイベント。最近の人気曲は、中島みゆきの「糸」である。生徒たちは「勉強も、部活も」を合い言葉に日々精進し、幾つもの部が全国大会や中国大会に出場している。

また、玄関には昭和40年当時の中央高校校舎と西富井駅舎の模型がある。美術担当だった守屋義弘先生が制作。高校のシンボルとして、創立50周年記念の平成10年より飾られている。

住所：倉敷市西富井1384
電話：086-465-2559

右ページ「一枚の記憶」と近いアングル

❷ 倉敷市立南中学校

住所：倉敷市西富井1387
電話：086-422-4670

発信しないと実現しない

倉敷市立南中学校は、水島臨海鉄道の線路すぐそばにあり、生徒ともなじみ深いものだ。そこで、身近なものを教材化することで、生徒も興味がわくのではないかと思い、水島臨海鉄道のデザインを美術の授業で岡野敏明先生の指導で実施した。そのデザインは本誌の下側に掲載されている。生徒たちが大人になっても、水島臨海鉄道を大切にし、地域の活性化に貢献するという願いも込めている。

1枚の記憶

列車と木造校舎
（撮影：安藤弘志氏　倉敷市所蔵）

昭和27年の倉敷青陵高校富井校舎。現在の倉敷中央高校の敷地にあった。現在は高架になっているが当時は大地を駆け抜けていた。現在と比べてみるのも面白いね。

❸ 名物うどん 横田

自家製うどんのかけうどんが人気商品（小200円、大400円）。うどんは太麺で単品でも購入可能。また、スープ・天ぷら・おかずのみも販売しており、近所の会社の人、常連さんの利用に加え、遠方からのリピーターも多くいるそうだ。衛生面を徹底しており、食品衛生優秀店を創業以来連続受賞。

住所：倉敷市中島2550-2
電話：086-466-0208
営業時間：11:00〜うどんがなくなり次第終了
　　　　　土日は18時、19時に終了
定休日：第2・4 水曜日（8月、12月は無休）

❹ 菓子工房　菓の森

福岡で10年間修業したシェフの西森孝英さんが営むケーキ・焼き菓子のお店。人気のケーキはモンブランとWeek end。焼き菓子はフィナンシェ、リュス。
客層は主婦が1番多く、1日に約30人、夕方になると商品が少なくなる。こだわりは「シンプルに」。

住所	倉敷市中島2157-1　脇本ビル1F
電話	086-441-9966
営業時間	10:00～20:00
定休日	火曜日

❺ 板谷畳店

創業80年目で、今の店主で2代目になり、奥さんと2人で経営している。安い中国産の物と日本産の物では畳の触り心地が全然違う。
畳はいいものだと何十年も使えるらしく、倉敷中央高校の記念館の畳も板谷畳店さんの作ったものになっている。

住所	倉敷市中島2167
電話	086-465-6266
営業時間	お店にお問い合わせ下さい
定休日	不定休

❻ 中国伝統整体 元気のツボ

中国伝統の指圧でツボを押す整体。ツボ押しは特に腰痛に効くこと、また、癒しの効果もある。創業当時（平成21年）からの常連客も多く、噂を聞いて大阪や四国からも来る人がいる。また、お客様の1人1人の症状が記録してある記録ノートを毎回つけて管理している。

住所	倉敷市中島2763
電話	086-436-8381
営業時間	9:00～20:00
休診日	月曜日

⑦ 株式会社倉敷ケーブルテレビ

岡山県南部の倉敷市、玉野市、総社市と早島町、岡山市南区の一部をエリアとする岡山県内最大のケーブルテレビ局。地域密着をモットーにコミュニティ放送を展開しており、日々のニュースや祭り、スポーツ大会の番組を制作。8万世帯以上が加入している。

住所：倉敷市中島2661-1
電話：086-466-1717

コミュニティと郷土愛

「コミュニティと郷土愛」これがキーワードであると株式会社倉敷ケーブルテレビ代表取締役社長、坂本万明氏は熱く語る。

中学時代は弁護士かジャーナリストになりたかったという坂本社長。ジャーナリストを志し、だんだん自分で発信して作ろうと思うようになり報道関係の仕事に就いたそう。

「常に当事者意識を持つことが必要で、手間をかけることが制作で大切だ」と話す。

一番は社長自らが楽しむことで、社員全員も楽しく一丸となって進んでいける。関わる人に100年残る感動を届けることがやりがい。

メディアをまちづくり、街の活性化のための道具として使ってもらい、市民に思いを発信してもらう。そ

して意見交換してもらい互いに叱咤激励してもらう。坂本社長は、市民全員に登場して貰いたいと思っており、そのためには市民との信頼づくりが特に大切だと話す。郷土愛を育み、地域と一体になってまちづくりに貢献することこそが地域メディアの本質ではないだろうか。

浦田駅
福井｜弥生

浦田駅
うらだ

浦田駅
福井 ｜ 弥生

昭和33年の旧五軒屋駅

映画の舞台にもなった駅のある町

昭和63(1988)年3月13日に浦田駅として開業した。駅前を県道福田老松線が走り、都市計画道路の三田五軒屋海岸通線・江長高架橋と立体交差によって連絡している。また、下津井電鉄「浦田駅前」バス停もあるなど交通の便に恵まれている。

旧五軒屋駅は東宝映画「麦笛」のロケ地でも有名。

URADA

倉敷市立旭丘小学校

福井

●コンビニ

福田町浦田

浦田公園

浦田駅

●コンビニ

37

①	茶房いね	③	三宅商店	⑤	岡本肇先生作品展示室	Ⓐ 八間川	Ⓒ 浦田神社	Ⓔ 天津神社
②	倉敷ミルクフーズおだ	④	スワンベーカリー倉敷店	⑥	スポーツクラブアクトス倉敷	Ⓑ 旧五軒屋駅	Ⓓ 給水塔	

① 茶房 いね

外観からのイメージとは異なり、店内はまるで昭和の時代にタイムスリップしたかのような造りで、どこか懐かしい感じがする心休まる空間。
平日の人気メニューは日替わりランチ、日曜はカレーや焼きそばが人気で、特に午前中はお客さんが多く店内は大混雑。

住所:倉敷市連島町連島35-41
電話:086-444-6372
営業時間:8:00～19:00
定休日:不定休

② 倉敷ミルクフーズ おだ

配達販売をメインに行っている牛乳屋さん。栄養価の高い牛乳を提供しており、配達エリアは、倉敷市内（一部地域を除く）・総社・庭瀬・岡山市の一部。牛乳以外にも全国から無添加食品も取り寄せ品として販売し、店頭でのアイスクリームの販売も行っている。

住所:倉敷市福田町浦田2465-64
電話:086-422-5632
営業時間:平日9:00～18:00　土曜9:00～17:00
定休日:日曜日

③ 三宅商店

昭和初期創業。「ねずみとり」や「投網、竹籠」など、今の生活ではあまり見かけないような商品などが販売されている。

住所:倉敷市浦田2525
営業時間:8:30～18:00
定休日:日曜日

1枚の記憶

浦田駅付近の昔の風景
（撮影：安藤弘志氏）

昭和29年の浦田駅付近。野菜畑が広がっている。

❹ スワンベーカリー 倉敷店

障害のある方を支援し、職員が補助しながらパンを作っているお店。1時間500円というお値段でランチバイキングを行っている。人気の商品・定番商品のほとんどが10～11時頃には売り切れてしまうので早めの来店がおすすめ。

住所：倉敷市福田町浦田2461-21
電話：086-456-5707
営業時間：7:00～18:00
定休日：月曜日・第1・2・3・5日曜日

❺ 岡本肇先生作品展示室

金光教五軒家教会の中に、海外でも活躍した倉敷市出身の画家、岡本肇さんの絵画を多数展示した作品展示室がある。事前に連絡をすれば無料で観覧する事が可能。

住所：倉敷市福田町浦田2653-8
　　　（金光教 五軒家教会内）
電話：086-444-8491

❻ スポーツクラブ アクトス倉敷

平成21年にオープンした会員制スポーツクラブ。ウォーキングやランニング用のスポーツマシンの他にエアロビクス、ヨガ・スタジオレッスンがあり、アロマセラピールームやサウナも利用可能。

住所：倉敷市連島町連島37-64
電話：086-448-2911
営業時間：平日10:00～23:00　土曜10:00～22:00　日曜10:00～19:00　祝日10:00～19:00
　　　　スポーツゾーンの利用は営業終了時間の30分前まで
定休日：木曜日(他、お盆・年末年始)

Ⓐ 八間川

八間川は、倉敷水島の中心部を流れる川である。明治時代までこの場所には東高梁川が流れ、江戸時代にはこの川を境に備前と備中が分けられていた。
大正時代に高梁川の一本化により、東高梁川があったところに水路が作られ、八間川となる。
川の中が壁で仕切られているが、整備された当時に工業廃水と農業排水に分けて流す必要があったためである。

八間川と紅葉

また、平成11年より、地域の人々が望む豊かな水辺空間の創造を目指して、高校教師や地域の方々が「八間川調査隊」として、年4回、毎年四季ごと(現在は年2回)に生物調査や水質調査を行っている。
八間川調査隊や各種イベントの問合せは、みずしま財団へ。

みずしま財団(公益財団法人水島地域環境再生財団)
住所：倉敷市水島西栄町13-23
電話：086-440-0121

八間川調査隊

浦田駅界隈歴史散策

B 旧五軒屋駅

福田町浦田五軒屋にあった五軒屋駅は、モータリゼーションとバスの進展でバス停近くの同駅の乗降客が激減したため、昭和51年12月に廃止され現在はない。東宝映画「麦笛」のロケに使用された。

C 浦田神社

浦田神社は浦田駅から東に2kmほど行ったところに、浦田の氏神として奉られている。

浦田神社　倉敷市福田町浦田1295

D 五軒屋「松」疎開工場の給水塔

入口の看板

五軒屋「松」疎開工場跡に残る給水塔は、直径は6.1mで人が中に落ちると危険なため現在は蓋がされている。給水塔まで行く道は、落葉や土が崩れる場合があるため訪れる際は十分に足元にご注意を。

給水塔　倉敷市浦田（浦田2525の三宅商店さんの道を挟んでほぼ向かい側）

E 天津神社など

天津神社のほか、浦田駅周辺地域には、連島和田海岸水門之跡・つらの小道などオススメスポットが多数ある。散策をかねて探してみてはいかが？

天津神社　倉敷市連島町連島1710

弥生駅
やよい

弥生駅
浦田　┬　栄

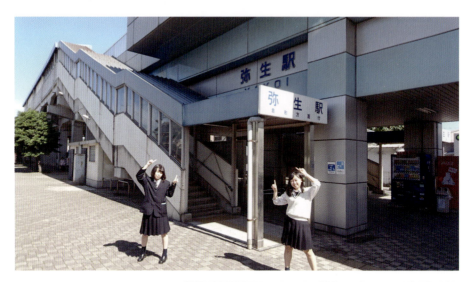

昭和33年の弥生駅（倉敷市所蔵）

地元愛あふれる町

昭和18（1943）年に三菱重工業水島航空機製作所専用鉄道の福田駅として開業し、昭和23（1948）年8月に弥生駅に改称した。
駅は住宅街の中心、東弥生町地内にある。
水島の市街地活性化対策のキーポイントとして水島臨海鉄道連続立体交差事業により高架鉄道になっており東西の行き来がよくなったように感じる。
昔の木造駅舎は姿を消し、現駅舎は高架駅となっている。
地域の特色を生かしたお店や町並みがあり、地元の人々に利用され愛されている。

❶ ピーポー弁当

水島臨海鉄道をイメージして作られたご当地フード「ピーポー弁当」。サンキューにちなんで値段はなんと390円！！ひなたの台所で購入することが出来る。なお、ピーポー弁当の店頭販売は水曜日のみ（ご予約、お取置き可能）。

ひなたの台所

地元の特産食材を使った惣菜・弁当店。ピーポー弁当の他、地元の小学生と協力して作ったクッキー「ゴフクッキー」（3枚入り100円）も販売している。

住所	倉敷市水島東弥生町12-5
電話	086-446-4061
営業時間	11:00〜17:00
定休日	土曜日、日曜日、祝日

※ピーポー弁当の店頭販売は水曜日のみ

❷ Flower Shop プチ

水島協同病院の近くにあるお花屋さん。お店の外にまで花が広がっているので初めていく人でも見つけやすい。種類豊富な花はもちろん、植物で作られたバッグ、帽子、鉢物も販売している。病院の近くなのでお見舞いの花を買うにはうってつけ。

住所	倉敷市水島南春日町2-21
電話	086-448-7784
営業時間	9:00〜19:00
定休日	日曜日

❸ やよい衣料

作業服を多く取り扱っており、昔から水島工業地帯を支えてきたお店の一つ。その他にも工事現場で働く人や鳶職人には欠かせない品が豊富に揃っている。

住所	倉敷市水島西弥生町10-13
電話	086-444-5781
営業時間	6:00〜19:00
定休日	日曜日

❹ スヤマ・本・文具店

地元小中学生御用達のお店。子供からお年寄りまで日々の生活に欠かせない文具が種類豊富に並ぶ。様々なジャンルで「岡山」を題材にした書籍も多くおススメ！

住所	倉敷市水島東寿町2-1
電話	086-444-8848
営業時間	9:30〜18:30
定休日	日曜日

弥生駅
浦田 ｜ 栄

❺ 弥生堂

水島の移り変わりを見守り続けてきた老舗の和洋菓子店。おススメは「水島源平最中」。昔より変わらぬおいしさとお店を営む森永さんご夫妻の親しみやすさに、地元はもとより遠方からのファンも多い。洋菓子コーナーのイタリアンロールも美味！

住所：倉敷市水島西弥生町1-27
電話：086-444-8833
営業時間：8:30～18:00
定休日：水曜日

おすすめ View point（アート回遊編）

一流作家8名による彫刻モニュメントが水島臨海鉄道沿いに8点設置されている。
高架鉄道を軸線として、その周辺に彫刻を点在、配置するプロジェクトは他に例を見ない。
テーマは、八間川の「水」、水島港の「海」「港」、高架側道の「緑」であり、各モニュメントにはそれぞれのテーマに沿った内容がこめられている。

Ⓐ 水の精　速水 史朗

彫刻のカーブは流れる水をイメージし、寄り添う二つのピースは暖かい人の心を表現しているらしくそのフォルムからは温かみを感じた。
水は人の心をなごませ、人を育てる。
弥生に住んでいる人々と接している中でその一面を感じることができた。

Ⓑ MATANA　流 政之

倉敷という町は、人を結ぶ心のあたたかさがあり、人と人は別れがたく、別れの際に「またな」と言葉をかけ合っていた。
それ故に、倉敷の町の人々のための彫刻ともなれば「またな」という言葉が町から消えてしまわないよう名づけたという。
出会いを求めて弥生の町を歩いてみるのもよいだろう。

❻ 田舎や徳膳

昼間は定食屋、夜は居酒屋となっている。店内には生きた魚が入っているいけすがあり、常に新鮮な魚を提供。水島地区の病院や行事の際に仕出し弁当を作っているのもここ！店主の徳さんは気さくな性格で話しやすいので初めての人でも安心。

住所	倉敷市水島北瑞穂町7-4
電話	086-446-0341
営業時間	11:00～14:00　17:30～22:00
定休日	月曜日

❼ 慶州苑

焼肉店として昔から地元の人に愛されている。精肉店から直接仕入れているので安くて新鮮なお肉を頂くことができる。おススメは上ロース、カルビ、ハラミ（右の写真）。一人での食事はもちろん、家族や大勢での食事にもぴったり！

住所	倉敷市水島南緑町2-6
電話	086-444-5879
営業時間	16:00～22:30
定休日	木曜日

❽ 喫茶ベニバラ

いつも常連のお客さんで賑わい、みんなから愛されるお店。ボリューム満点でとってもおいしい日替わり定食はなんと税込み600円。お店を営む小西さんご夫婦の気さくで優しいお人柄に癒され、また会いに行きたくなった。

住所	倉敷市水島西弥生町1-3
電話	086-444-4551
営業時間	7:00～17:00
定休日	日曜日

Ⓒ 倉敷古城池高校の藤棚

倉敷古城池高校の門前に広がる県下最大級の藤棚。藤は倉敷市の市花でもあり、高校の校章にも使われている。

校内に入ることはできないが、門外からもよく見え、花の香りを楽しむことができる。
見ごろのピークは4月下旬から5月中旬。

岡山県立倉敷古城池高校
住所：倉敷市福田町古新田116-1
電話：086-455-5811

1枚の記憶

旧弥生駅
（撮影：安藤弘志氏）

昭和33年の弥生駅。当時はまだ舗装されていないが、駅前通りの道幅の広さは現代の車社会を見通していたようにも思える。

⑨ 福田神社

本殿の周辺には、保食神をはじめとする神様が祀られており、牛の像が保食神の目印。主な祭典として、2月の節分に近い土曜日または日曜日の節分祭（福まき祭）、7月31日の輪くぐり祭、10月第3土、日曜日の秋季例祭の3つが毎年行われている。その一つである輪くぐり祭で使用する茅を束ねた大きな輪は、地域の人たちが協力して作成する。こうした地域との繋がりの中で伝統を守り続けている。

住所：倉敷市北畝3丁目14-53
電話：086-455-8290
受付時間：8:30～16:00
定休日：無し

さかえ
栄駅

栄駅	
弥生	常盤

旧栄駅／操車場

今と昔をつなぐ町

昭和61(1986)年3月、側線が広がっていた旧栄町操車場の移転前にあった踏切は、開かずの踏切といわれ、倉敷方面から水島に向かうマイカー通勤者泣かせだった。平成4(1992)年に高架化されて東西に分断されていた市街地が一つになった。

駅名に栄駅、常盤駅、弥生駅など名古屋の地名が使われているのは、戦時中、三菱重工名古屋製作所を水島に拡張する際、名古屋から移住してきた人たちが多かったためである。

❶ リサイクルショップおもしろ館

レトロな雰囲気が漂うお店。昔懐かしの玩具なども取り扱う商品の種類が非常に富んでいる。大人の方には懐かしく、若者には新鮮に感じられる不思議なお店。ネット関係の商品を求めてやって来る人も多いという。また一部商品はネット販売もしている。

住所：倉敷市水島栄町10-28
電話：086-444-1188
営業時間：9:00～19:00
定休日：火曜日

❷ ナンバ宝石店

現在は外商がメインとなっている。宝石店という名前ではあるが、今の看板商品はメガネである。お客さんの年代は若い方からお年寄りまで幅広い。清潔感のある美しい店内。

住所：倉敷市水島東栄町5-3
電話：086-446-7454
営業時間：9:00～18:30
定休日：日曜日（GW、盆、正月休みあり）

❸ LIQUOR SHOP ABE（リカーショップ あべ）

元々は果物屋さんだったということで、わずかに果物も置いてある。現在は酒屋となっている。様々な種類のお酒が置いてある。物腰の優しい奥さんが応対してくれた。

住所：倉敷市水島東栄町3-15
電話：086-446-2341
営業時間：8:30～20:30
定休日：日曜日、祝日

④ インテリア藤森

カーテンや絨毯のほか、かつてはい草の生産地だったため畳の上敷でできた商品も置いている。倉敷緞通という手織の織物やペルシャ絨毯なども取り扱っている。倉敷緞通は廃れていたときがあったものの、近年は再注目されている。

住所：倉敷市水島東栄町11-10
電話：086-444-9024
営業時間：9:00～18:30
定休日：日曜日

おすすめ View point（アート回遊編）

A 白い森　新宮 晋

7本の白い帆がついたくるくると回る風車それぞれの高さが違い、凸凹している。遠くから眺めればはじけるポップコーンのようだ。晴れの日、曇りの日、雨の日、それぞれのソースで楽しんでは。

B 龍神　五十嵐 晴夫

作者にとって石は幼いときから見慣れた石切場の石。私にとって龍神とは不思議な形をしたチュロスだ。神様の石の逆鱗にふれてしまいそうだ。（龍だけに笑）チュロスなんて。

C 朝　福岡 道雄

朝日の輝く瀬戸内海とそこに釣り船を浮かべられた構図。朝日によって海面がキラキラと照らされている様子なのだが、熱く黒く光っているモニュメントは鉄板のようで釣った魚が食べれそうだ。

⑤ レコード屋さん TUCKER1（タッカーワン）

昭和40年にオープン。開店当初はレコードがメインで、楽器なども置いていた。当時は子供たちがよく訪れていたそうだが、現在は若者の来店は減り、その代わりに「音楽といえばレコード」という世代のお客さんが多い。

住所	倉敷市水島西栄町4-23
電話	086-444-8523
営業時間	10:00～18:00
定休日	日曜日、月曜日

⑥ GERUZ（ゲルズ）

全国の革好きが集まる、オリジナルの革製品や革服を扱っているお店。一番の人気商品は創業当時から販売している小銭入れ。どの革製品もオーナーの鈴木さんが妥協をせずにこだわり抜いて制作している。

住所	倉敷市水島西栄町7-17
電話	086-444-8943
営業時間	11:00～20:00 日曜日は、19:00まで
定休日	火曜日～木曜日

⑦ 煉瓦亭

ちょっと濃いめに味付けされた料理のでる居酒屋。ビールやハイボール、お好み焼きが人気。レトロな雰囲気の店内で気軽に寄れて落ち着けるように工夫されている。店主おすすめの限定メニューの牛すじ煮込みは数に限りがあるのでお早めに。

住所	倉敷市水島西栄町7-3
電話	086-448-1553
営業時間	17:00～23:00
定休日	火曜日

⑧ 焼肉 よかろう

昭和29年に木造平屋建てで創業した。お客様も親から子へ、子から孫へと長い間多くのお客様に愛されてきた。親しみやすく気軽に来店できるような雰囲気。平成29年の春ごろにお店も建て直す予定。

住所	倉敷市水島西栄町33-1
電話	086-448-2850
営業時間	11:30～23:00
定休日	水曜日

1枚の記憶

東栄町
（撮影：安藤弘志氏 倉敷市所蔵）

昭和29年7月の東栄町。かつては三菱重工水島製鉄所の社宅が並んでいたが、水島の成長とともに商店街が形成され活況を呈した。

⑨ BAR TAKEMOTO

膨大な数のウイスキーボトルで埋め尽くされているオーセンティックバー。日本に10人しかいないアイラ島（スコッチウイスキーの聖地）の民間親善大使でもあるバーテンダーの竹本さん。ウイスキーを愛しているのは店内を一望すればすぐにわかる。夜更けとともにウイスキー派の客が増えていくという。

住所：倉敷市水島西栄町1-17
電話：086-445-0037
営業時間：19:00～25:00
定休日：不定休

⑩ お好み焼鉄板焼 みやもと

様々なバリエーションのお好み焼きやモダン焼きを低価格で味わうことができる。電話で注文していればテイクアウトもできる。店内も人と人との距離が近いアットホームな雰囲気で、大変過ごしやすいお店である。間もなく開店から10年になるので特別なサービスを展開、提供していきたいという。

住所：倉敷市水島東栄町4-16
電話：086-444-2500
営業時間：5:00～14:00　17:00～23:00
定休日：日曜日、月曜日

⑪ たまのや化粧品店

2,000種類以上の化粧品を置いている水島商店街一帯にたった一軒の化粧品専門店。人気商品はアルビオンのスキンコンディショナー。こだわりは一人一人のお客さんに対して丁寧に対応すること、商品のお手入れをきちんとしてからお客さんの手に渡るようにしていること。

住所：倉敷市水島西栄町1-21
電話：086-448-1553
営業時間：9:30～18:00
定休日：日曜日、月曜日

土曜夜市

水島商店街を中心に7月頃に行われる。屋台などが出て、多くの人で賑わう。

水島臨海鉄道が大好き
～平成のザ・ピーナッツ 双子デュオのまゆみゆ～

平成のザ・ピーナッツ、双子デュオのまゆみゆです！私たちは高校生で、通学にいつも水島臨海鉄道を利用させてもらっています。各駅の近くには色々なモニュメントがあったり、クリスマスやハロウィンなどイベント時には電車内が飾りつけされているので乗車するとワクワクします。

私たちは学校終了後に打合せや練習、週末はイベント出演等、毎日忙しく過ごしています。

そんな毎日ですが、水島臨海鉄道に乗っていると私たちを知ってくださっている方々や車掌さんが「まゆみゆちゃんがんばれ！」「次はどこで歌うん？」と話しかけてくださいます。その言葉でいつも励まされ、そして頑張ろうという気持ちになれます。

そんな触れ合える場所でもある水島臨海鉄道が、私たちは大好きです。皆様も一度モチーフや温かい触れ合いの場所でもある水島臨海鉄道に乗ってみませんか？！

まゆ・姉(写真左)　みゆ・妹(写真右)

まゆみゆプロフィール

小学校5年生の時、日本テレビ「歌スタ！」に出演したのをきっかけに、多数のステージに出演。テレビ東京「THEカラオケ☆バトル ハーモニー歌うま王」優勝。フジテレビ「ハモネプ」ツインズメロディーとして出場、754組中3位入賞などの経歴をもつ。

歌のレパートリーは、ナツメロ歌謡、演歌、Jポップ、アニメソングなど多彩で、これからますます活動の幅を広げていきたいという双子姉妹デュオです。

出演等のお問合せは　TIF PRODUCTION　担当：植木　電話：080-1940-4511　tif.pro.info@gmail.com

常盤駅
ときわ

平成4年常盤駅高架事業時の風景

水島の歴史ある食べ物のまち

水島臨海鉄道で一番新しい常盤駅、高架線開通と同時に開業した駅で、立体交差事業高架完成式の平成4(1992)年9月7日、着工以来11年ぶりの完成に国、県、市の関係者や地元住民らが祝った。

常盤駅のある常盤町は昔から飲食街として栄え、現在も喫茶店、中華料理店やケーキ屋などが立ち並び、地域のお年寄りから若い人まで多くの人に愛されている。

❶ 中華料理とらや

人気のメニューは「B定食」。私もこれを取材前に注文した。B定食は肉団子や焼き豚、八宝菜、卵焼きにスープまで付いていてかなりボリュームがあり、タレがよく絡んで美味しかった。常盤駅から近く夜の10時頃まで開店しているので晩御飯に外食するお店としてもおすすめ。

住所：倉敷市水島東常盤町12-16
営業時間：11:00～15:00
　　　　　17:00～22:00
定休日：水曜日

❷ 吉田珈琲店

ヨーロッパ風オシャレな内装の喫茶店。赤色のレトロな焙煎器やオレンジ色の明かりがいい雰囲気。
お昼ご飯を食べた後にコーヒーを飲みながらゆっくりするのにもってこいのお店だ。

住所：倉敷市水島西常盤町5-2
営業時間：8:00～16:30
定休日：木曜日

❸ やきとり秀 水島本店

地元住民にも知られた焼き鳥店。定番メニューの中でもぜひ注目いただきたいのは「なんこつ」。一般的な「なんこつ」はころころとした状態のものがお皿に載っているものがスタンダードだが、このお店ではなんとお肉付き。これが串焼きとなって提供されるので、食べごたえ満点。

住所：倉敷市水島西常盤町8-2
電話：086-444-2134
営業時間：平日・土曜日 17:00～23:30(L.O.23:00)
　　　　　祝日・日曜日 17:00～22:30(L.O.22:00)
定休日：年中無休　※臨時休業あり

❹ 浜野清正堂

昭和23年創業の和菓子屋さん。洋菓子の修行経験もある3代目ご主人の浜野和則さんが、くず粉で作った「和プリン」など新しい商品を生み出し続けるなど、和菓子の消費のしかたが時代と共に変化し続ける和菓子業界のなかで、"進化"しようという姿勢がうかがえる。昭和30年に四国菓子博で名誉金賞を受賞した「虎饅頭」など先々代からの味も守り続けている。

住所：倉敷市水島東常盤町13-7
電話：086-444-8334
営業時間：8:00～19:00、
　　　　　日曜日・月曜日は終了時間が18:00
定休日：なし

ピーポーようかん

水島臨海鉄道の伊東社長も大絶賛の「ピーポーようかん」。「地元に親しまれるものを、水島を離れた人にもお土産に買ってもらえるような商品を作りたかった」という浜野清正堂のご主人の想いから誕生した商品。
かわいらしい水島臨海鉄道の車両をイメージされた箱には、食べきりサイズのようかんが。見た目がキュートな、上品な甘さの甘味となっている。

❺ こころ屋

常盤町出身の奥様と東京出身のご主人が営まれている洋食店。中でもぜひご賞味いただきたいのが名物の「ジャンナぷりん」。一口食べるとわかる、他のプリンにはない濃厚な甘み。そのヒミツは、なんと練乳。コーヒーに練乳を入れて飲むというベトナムからヒントを得て作られたそうで、甘味好きにはたまらない一品。

住所：倉敷市中畝4-2-29
電話番号：086-454-2690
営業時間：11:30〜14:30
　　　　　18:30〜20:30(L.O.)
定休日：水曜日

❻ ブンヤ時計電器店

地域一帯が三菱自動車の社宅であった頃から、この地域でお店をされている時計電器店。時計、眼鏡、貴金属、家電製品を扱っている。ドラえもんとドラミちゃん、アンパンマンの七夕かざりが、ショーウィンドウで出迎えてくれる。

住所：倉敷市水島東常盤町7-10
電話：086-444-8974
営業時間：9:00〜19:30
定休日：月曜日

 おすすめ View point（車窓編）

常盤駅へ向かう電車の中から見える景色は、電車が高架の上を通っていることもあり、とても眺めがいい。常盤駅の前後の駅で水島臨海鉄道に乗ったときは車内ばかりでなく車窓からの眺めにも目を向けてみるといいかも。

1枚の記憶

常盤町
（撮影：安藤弘志氏 倉敷市所属）

昭和42年の常盤町の風景。
1960年代といえば日本は高度経済成長期を迎えており、この商店街も盛えていて人通りが多く賑わっていた。今も商店街としてその面影を残している。実際に訪れて現在の風景と見比べてみては。

❼ スイーツ＆カフェ ミルクラウン

お店一押し「るるるプリン」は美肌効果の期待や低カロリーの豆乳を使用しているため、女性に嬉しい一品。倉敷美観地区で絶大な人気を誇る「有鄰庵」さんの「幸せプリン」のオリジナルがこちらだそう。品揃え豊富なケーキやクッキー、ルイボスティーや紅茶なども販売している。

住所：倉敷市水島東常盤町4-13
電話：086-444-1851
営業時間：10:00～18:30
定休日：木曜日

水島灘源平太鼓

その昔、水島灘で戦われた源平合戦にちなんで誕生した和太鼓チーム「水島灘源平太鼓」。水島港まつりや地元イベントなどで演奏活動を行っている。第1回林英哲杯太鼓楽曲創作コンクールで最優秀鼓手賞を受賞した山本将史さんの演奏は必見。
打ち手募集中！

水島灘源平太鼓保存会
水島信用金庫本店内　電話：086-446-2221

❽ 水島信用金庫

一般の方との預金取引や、地域の多くの企業や個人に融資などを行い、お互いに助け合って繁栄することを理念とした協同組織の金融機関。
水島コンビナートの協力企業とも深い関わりを持っている。

住所：倉敷市水島西常盤町8-23
電話：086-446-2221
営業時間：9:00～15:00（ATM：20:00まで）
定休日：土曜日・日曜日・祝日

❾ 水島中央公園

水島土地区画整理により造られた公園で、水島地区の多くの人々の広場として利用されている。園内には、軟式野球場、テニスコート、プール、相撲場のスポーツ施設のほか、大型遊具も設置されており、子どもからお年寄りまで幅広い人々に利用されている。
夏場には市営プールが開放され、子ども料金54円、大人料金108円で利用可。遊具や噴水、SLの展示などもあり、土日や夏休み期間中は子供連れで賑わう。

住所：倉敷市水島青葉町95-1
電話：086-444-5001

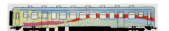

⑩ 水島図書館

水島中央公園に併設し、「子育て支援コーナー」や、水島地域の資料を集めた「水島コーナー」がある。
明るく読書環境のよい、市民に開かれた図書館である。

住所	倉敷市水島青葉町4-40
開館日	月曜日～土曜日9:00～19:00
	日曜日・祝日10:00～18:00
休館日	月曜日(第一月曜日は開館)
	毎月最終金曜日(8月と12月は開館)
	年末年始(12/29～1/4)、特別整理休館(14日以内)

⑪ 水島マチヅクリ株式会社

公園を活用したワークショップ

水島地区の空き家、空き店舗を活用し、水島地区に消費と雇用を生み出す仕組みをつくるために設立された会社。現在は、趣味や特技を持つ主婦の方たちが集まるシェアオフィスの運営、商店街再生のための調査や計画づくり、古くなった家屋をリノベーションし、カフェなどに入居してもらうことを計画している。写真はマチヅクリ会社の再生物件第一号の古民家である。

再生物件第一号の古民家

住所：倉敷市北畝5-17-52
　　　(地図は再生物件第一号の古民家を掲載)
連絡先：mizu2016machi@gmail.com

いす-1グランプリ岡山大会

いす-1グランプリは、キャスターの付いた事務椅子に座って走った距離を競う2時間耐久レース。平成27年5月に第1回の岡山大会が水島商店街振興連盟主催で開催された。春祭り開催にあたって新しいイベントを検討していたとき、京都で始まった「いす-1GP」のことを知った「ミズシマ盛りあげ隊」というグループが開催を企画。SNSで認知度がUPした。

水島駅
みずしま

昭和33年の水島駅（倉敷市所蔵）

水島を育てた駅のある町

昭和18（1943）年、三菱重工水島航空製作所専用鉄道の駅として開業。当時の駅名は、岡山工場駅で昭和23（1948）年8月に水島駅に改称した。平成4（1992）年9月に高架化事業が完成し、現在の駅となる。

連島地区と福田地区をつなぎ、工業地帯と共に大きくなった水島は、岡山県の税収に大きく貢献している。

❶ 倉敷市水島体育館

ビルの3階にある珍しい体育館。バレーボールやバスケットボール、テニス、バドミントン、ハンドボール、卓球、エアロビクス、健康体操などの利用が可能。スポーツ教室も開かれている。気軽にご利用を。

住所：倉敷市水島西千鳥町3-21-303
電話：086-445-1345

Ⓐ 水島港まつり

平成28年で60回目を迎え、長年続くまつり。毎年地元の人だけでなく地元以外の人も多く訪れ、1年で最も賑わっている。まつりと同時に七夕かざりを水島商店街に飾る。毎年多くの団体が七夕かざりを作り、水島を彩る夏の風物詩となっている。
会場内には、多くのイベントステージがあり、様々な団体がステージ発表を行っている。アクセスが良く、水島臨海鉄道を使用すると、栄駅・常盤駅・水島駅のいずれかで降りるとまつり会場が近い。親子で来ても、恋人と来ても、友達と来ても楽しめる。

Ⓑ 水島朝市

平成28年10月に5周年を迎え、地元の人に愛されている朝市。
水島地区にある小学校の地区の人が順番に当番をしており、福田地区・連島地区とも連携して開催している。多いときは約100店出店。地産地消商品などが売られており、特に春と秋には多くの人が訪れる。
尚、開催場所は水島愛あいサロンである。
倉敷駅前で行われる倉敷三斎市だけでなく、水島朝市にも足を運んでみてほしい。

開催日：毎月第2・4日曜日 9:00～13:00 ※雨天中止

1枚の記憶

旧水島駅
（撮影：安藤弘志氏 倉敷市所蔵）

昭和33年の水島駅。木造とはいえ当時としては立派な駅。駅舎の裏側が旅客線、道路沿いの線は貨車の引き込み線となっていた。

❷ 岡山県立都市公園　水島緑地

園内には約160本のソメイヨシノが植えられており、地元でも「隠れた桜の名所」として評判。桜の見ごろは3月下旬〜4月上旬である。水島工業地帯と一般の住居地域を遮断する目的で作られた公園である。また、「100メートル道路」と呼ばれる県道428号線の中央分離帯の中にある公園でもある。桜以外にも、公園内にはモニュメントなども置かれている。

住所：倉敷市中畝3〜東塚3

❸ 亀島山

江戸時代、明治時代の干拓前は亀島という島である。太平洋戦争中は戦闘機製造の地下工場が建設された。現在は、花と緑の丘公園として整備され、山頂への道中には桜の木が並び、春になれば満開に咲いてきれいである。テッポウユリやガザニアの花壇もあり、ちょっとしたピクニックにはぴったりで、夜景スポットでもある。

地下工場見学ツアー
亀島山地下工場を語りつぐ会
代表・吉田弘貴：090-1350-7816

❹ 水島愛あいサロン

地域の人たちが利用する環境、交流施設。プール・ジムなどもあり運動を通じて地元の方の健康と笑顔をサポート。芝生エリアでは、イベントや、水島朝市も行われ、地域住民の交流と憩いの場を提供している。

住所：倉敷市水島東千鳥町1-50
電話：086-440-5511
営業時間：ホームページ、電話で確認を
定休日：火曜日（祝日の場合は翌日）

❺ ホテルナンカイ倉敷

県外から水島工業地帯へ訪れる人がよく利用する宿泊施設。水島駅から近く、水島工業地帯や倉敷、玉島、児島へのアクセスも良好。気持ち良い接客で定評があり、おもてなしを大切にした地域から愛されるホテルである。無料駐車場50台有り。

住所：倉敷市水島西千鳥町1-25
電話：086-446-0110
営業時間：24時間
定休日：年中無休

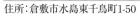

おすすめ View point（アート回遊編）

C 組曲「海」―一億万年の忘れ物　寺田 武弘
石で作られた、一つの舞台。中心の石組は、一個の石によって仕組まれた可変的装置―時間が見える

D 「浮くかたち」―垂　植松 奎二
円錐体の先端と自然石、ここには新しいエネルギーの場が生み出されている。身体で感じられるような空間にふれるような場であり、作品がつねに息づき呼吸しているのが感じられる場だ。

E 「宿借り」―住めば都　西巻 一彦
浜辺をせわしなく動き回るヤドカリ。どこか滑稽で、その様はなぜか現代に生きる我々の姿にも見える。そんなヤドカリと現代社会に生活するヤドカリ（人）を重ねたイメージで表現しているらしい。

三菱自工前駅

みつびしじこうまえ

三菱自工前駅 ←
水島　　　｜

昭和29年の自工前駅付近

水島の発展を支えてきた世界に誇れる工場地帯

この駅は水島本線旅客営業の終点にあたり、昭和47（1972）年に開業した。工場地帯の中にあり駅の北側には三菱自工、さらに周辺には日本有数の企業が集まる水島臨海工業地帯が広がっている。また、国際拠点港湾である水島港では大型船が頻繁に行き交っている。駅周辺は工場のみで民家はなく、通勤以外で使う人は少ない。そのため終点のこの駅まで行く本数は少し少なくなっている。しかし通勤手段の1つとして、今でも水島で働く人にとってなくてはならない駅だ。

❶ 三菱自動車工業株式会社水島製作所

戦時中は航空機を製造していた。その技術が現在の電気自動車、プラグインハイブリット車などの開発にも生かされている。地球環境にも優しい車作りを目指し、また社内でも環境保護へ積極的に取り組んでいる。水島製作所では、毎週月曜日午後に少人数でも工場見学ができ、見学後にはミニカーももらえる。

住所：倉敷市水島海岸通1-1
電話：086-444-4114

❷ 中谷興運株式会社

昭和28年設立。三菱自動車の完成車の輸送をはじめ港湾荷役業務、通関業などを業務としている。水島港に入るコンテナ貨物の半分以上を取り扱っている。近年は介護事業にも力を入れている。

住所：倉敷市水島海岸通2-1
電話：086-444-4311

昭和36年頃

❸ 水島通船株式会社

民間企業に依頼され、外国船の船員を船で専用の乗り場と税関の間を送迎している。多くの外国船が行き交う水島湾になくてはならない存在だ。蔦で覆われた待合所の入り口をのぞくと世界に繋がる海が見える。

住所：倉敷市水島福崎町2-1
電話：086-446-5258

1枚の記憶

海岸通2丁目
(撮影：安藤弘志氏 倉敷市所蔵)

昭和29年の旧水島港駅周辺。写真左端に見えるのが駅舎。天井クレーンは当時の水島地域で最大級。なお、クレーンは現在も動いている。

❹ 萩原工業株式会社

設立は昭和37年。ポリエチレン・ポリプロピレンを主原料とした合成樹脂繊維のフラットヤーンを用いた製品やスリッター等産業機械を取り扱っている。ブルーシートではトップメーカー。

住所：倉敷市水島中通1-4
電話：086-440-0860

❺ 水島港湾合同庁舎

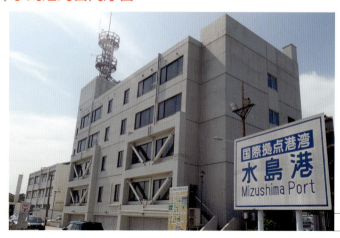

住所：倉敷市水島福崎町2-15

1号館（写真左奥建物）

2F／農林水産省 神戸植物防疫所 広島支所 水島出張所　電話：086-444-6001

植物に有害な病害虫の侵入・まん延を防止するための輸入植物の検疫や諸外国の植物検疫要求に応じた輸出植物の検疫等を行っている。

3F／厚生労働省 広島検疫所 水島出張所　電話：086-444-7701

検疫感染症の侵入・まん延を防止するため、船舶の検疫やネズミ等の調査を行っている。

水島港の穀物輸入量第1位はトウモロコシ

2号館（写真中央建物）

1F・3F／財務省 神戸税関 水島税関支署　電話：086-448-3302

安全な社会を確保するため、輸出入貨物の通関、関税等の徴収、密輸の取締りを行っている。

4F／国土交通省 中国運輸局 岡山運輸支局 水島海事事務所　電話：086-444-7750

海難事故や海洋汚染を防止するため、日本に入港する外国船舶の監督や、船員の労働基準監督の他、せとうちサイクルーズPASSや海の駅を活用した地域振興を行っている。

5F／海上保安庁 水島海上保安部　電話：086-444-9701

国民が安心して海を利用し、様々な恩恵を享受できるよう、海上犯罪の取締り、海難救助、災害対応や船舶の航行安全等の活動を行っている。

税関旗（青いところが「海と空」、白いところが「陸地」、その接点に税関があることを意味している）

水島海上保安部の所属船艇
緊急通報用電話番号は「118番」!

海上保安庁のマスコットキャラクター
「うみまる」!1つ540円☆

❻ 水島ポートパーク

国際親善と海外貿易の活性化のために、昭和59年に南オーストラリア州アデレード港と水島港が姉妹港縁組を締結した。平成6年、姉妹港縁組10周年の記念として水島ポートパークが開園。公園の中央を走る水島臨海鉄道の壁には、アデレード港と水島港を結び意味づけるメッセージを持った絵が多く描かれている。

住所：倉敷市水島福崎町

おすすめ View point（水島港編）

水島港：コンビナートの夜景

水島工業地帯は国内屈指のコンビナートで、特に大型船舶の入港隻数と石油精製能力は日本最大級。コンビナートとはロシア語で複合体という意味だそう。夜景は最高！

沿線食材レシピ

くらしき作陽大学編

食育実践活動や地産地消食材を活用したレシピ開発や料理教室を行っている「くらしき作陽大学 現代食文化学科」考案の沿線レシピ、5品をご紹介！

れんこん、にんじん、白ねぎなど野菜をたっぷり使用
モチモチ揚げれんこん

れんこん（蓮根）
生産地　常盤駅 東へ2km
旬　　　秋・冬

しょうが（生姜）
生産地　弥生駅
旬　　　夏・秋

材料（12個分）
1. れんこん ──── 345 g
2. 金時にんじん ── 25 g
3. 白ねぎ ────── 25 g
4. まこもだけ ──── 20 g
5. しょうが ───── 5 g
6. 片栗粉 ────── 35 g
7. 塩 ──────── 1 g

作り方
❶ 皮をむき水切りしたれんこんをすりおろす。
❷ 皮をむいたしょうがをすりおろす。
❸ 金時にんじん、白ねぎ、まこもだけをみじん切りにする。
❹ すべての食材と、片栗粉、塩をまぜ、丸く形作る。
❺ きつね色になるまで、油で揚げる（5分程度）。
※お好みでオーロラソースをつけてもおいしい。

くらしき農業まつり

くらしき農業まつりは、毎年11月下旬に水島の福田公園とライフパーク倉敷で行われているイベント。倉敷市内でとれた食材はもとより、高梁川流域でとれた食材なども紹介している。
平成28年はくらしき作陽大学の学生が中心となって、子どもたちに料理教室を実施。学生がゼミ活動で考案したパイを作った。水島地区にはごぼう、れんこん、生姜などの地場産物があり、それらを活用した料理の試食も。

地産地消レシピの試食

料理教室の様子

沿線食材レシピ

子どもたちもたべやすい
野菜包みパイ

ごぼう（牛蒡）
生産地　浦田駅
旬　　　秋・冬

れんこん（蓮根）
生産地　常盤駅 東へ2km
旬　　　秋・冬

材料（1人分）

1. ごぼう ――――― 3g
2. にんじん ――――― 3g
3. れんこん ――――― 5g
4. ウィンナー ――――― 10g
5. チーズ ――――― 3g
6. トマトケチャップ ――――― 3g
7. パイシート ――――― 1/8枚

作り方

❶ ごぼう・にんじん・れんこんの皮をむく。

❷ ごぼう・にんじんは細めの短冊切り、れんこんは3cm幅のいちょう切りにする。

❸ ウィンナーは1/3に切る。

❹ オーブンでごぼう・にんじん・れんこんを焼く（230℃で10分）。

❺ 8等分したパイシートにケチャップをぬり、野菜、ウィンナー、チーズを包んで焼く（230℃で15分）。

連島ごぼう

倉敷市連島地域には広いごぼう畑が広がっている。「秋まきごぼう」（4月〜7月頃収穫）と「春まきごぼう」（7月〜10月頃収穫）の2種類がある。地元生産者と農協の間で研究開発を進め、平成16年度より1月〜3月にかけて出荷する「新旬ごぼう」の作型に取り組み、現在では、ほぼ一年中、連島ごぼうを食べる事が出来るようになっている。

連島ごぼうは、食育の一環として抜き取り体験ができるようになっており、くらしき作陽大学でも「地産地消実習」で参加させていただいた。食べ物への感謝の気持ちを育てる良い機会となっている。

ごぼう抜き取り体験

ごぼう畑

夏の野菜をたっぷり使用
夏野菜たっぷりミックスピザ

トマト（蕃茄）

生産地　西富井駅
旬　　　夏

材料（1枚分）

1. トマト ───── 2玉
2. アスパラガス ───── 3本
3. コーン ───── 1/2本
4. なす ───── 1本
5. ピザ用チーズ ───── 適量
6. 強力粉 ───── 250ml
7. ドライイースト ───── 2.5g
8. 塩 ───── 一つまみ
9. 砂糖 ───── 小さじ2
10. サラダ油 ───── 大さじ2/3
11. ぬるま湯 ───── 80〜90ml

作り方

❶ 強力粉、ドライイースト、塩、砂糖をボールに入れまぜる。

❷ 1にサラダ油、ぬるま湯を加え、こねる。

❸ クッキングシートの上に生地をめん棒でのばす。

❹ トマトを1口サイズ、なすを輪切り、アスパラガスを3cm間隔で切る。

❺ 4の食材とコーンを、3の生地にのせ、チーズをかける。

❻ 220℃に予熱したオーブンで15分焼く。

水島地区食育栄養まつり

「食育栄養まつり」は、毎年秋頃に倉敷市内各地で開催されており、内容は各地区ごとに様々。水島地区では、水島地区栄養改善協議会というボランティア団体が中心となって、実施されている。

平成28年はくらしき作陽大学の学生が、食事診断ソフト（ヘルスジャッジ）を活用しての食事診断や、災害食（栄養管理の整った備蓄食材とパン）の試食を行った。くらしき作陽大学では、災害時に役立つ知識を身に付けた学生「災害食コンシェルジュ」を育成している。

ヘルスジャッジで食事診断

災害食の試食

さわやかな大人の味
ジンジャーゼリーいちじくソース

しょうが(生姜)
生産地　弥生駅
旬　　　夏・秋

材料（1人分）
1. しょうが汁 ────── 小さじ1/2
2. はちみつ ────── 小さじ1
3. ゼラチン ────── 小さじ1
4. 水 ────── 75cc
5. いちじくジャム ────── 小さじ1
6. 水 ────── 適量

作り方
① 少量の水にゼラチンを入れ、ふやかしておく。
② 鍋に水を入れ火にかけ、はちみつ・しょうが汁を加える。
③ ひと煮立ちしたら、1を加えて溶かし、火をとめる。
④ 器に移し、冷やし固める。
⑤ いちじくジャムを水でゆるめる。
⑥ 4に、5のいちじくソースを添える。

いつものココアに隠し味を
ジンジャーココア

しょうが(生姜)
生産地　弥生駅
旬　　　夏・秋

材料（1人分）
1. しょうが汁 ────── 小さじ1/2
2. はちみつ ────── 小さじ1
3. ミルクココア ────── 小さじ3
4. 水 ────── 150cc

作り方
① 鍋に湯を沸かす。
② 1にしょうが汁、はちみつ、ミルクココアを加え、よく混ぜる。

沿線食材レシピ

おかやま山陽高校編

「おかやま山陽高校　料理研究部」が高梁川流域の食材を使って考案したレシピ。
日本の成人男性が1日に必要とするカルシウムの不足を補給することができるお弁当！

221mgのカルシウムが含まれている！

朝弁

れんこん（蓮根）
生産地　常盤駅 東へ2km
旬　　　秋・冬

ごぼう（牛蒡）
生産地　浦田駅
旬　　　秋・冬

セロリと黒こんにゃくのきんぴら

材料(4人分)

1. セロリ ─────── 1/4本(マッチ棒)
2. 黒こんにゃく 1/4枚(マッチ棒に切りボイル)
3. 菊菜 ─── 1/10束(1cm幅に切りボイル)
4. にんじん ─────── 1/10本(千切り)
5. 赤唐辛子 ─────── 1/2本(輪切り)
6. 合わせ調味料（濃口醤油 24cc・みりん 24cc
　　日本酒 12cc・白味噌 2.4g・胡麻油 3cc）

作り方

❶ 赤唐辛子を胡麻油で炒め香りを出す。こんにゃくを加え水分を飛ばす。

❷ セロリ・にんじんと調味料を入れ、水分が無くなるまで炒める。

❸ 仕上げにゴマを加え、器に盛り、菊菜を飾る。

タコ飯

材料(4人分)

1. 米 ──────────── 2カップ
2. ご飯だし ──────── 480cc
　（だし汁450cc・みりん15cc・薄口10cc・日本酒5cc）
3. 舞茸 ─── 1パック(小さ目に手でさく)
4. 干し椎茸 ─────── 1/2枚
　　　　（水で戻しボイル、2ミリ幅に切る）
5. うす揚げ 1/2枚(油抜きして5ミリ幅に切る)
6. ごぼう ─────── 50g(ささがき)
7. にんじん ────── 50g(千切り)
8. 春雨 ─── 50g(水で戻して1cmにカット)
9. ひじき乾燥 ────── 8g(水で戻す)
10. 黒まめの蜜煮 ───── 20粒(市販の物)
11. タコの煮汁 ── 30cc(炊き上がりに加える)

作り方

❶ 材料を炊飯器に入れ、分量のご飯だしで炊く。

❷ 炊き上がりにタコの煮汁を加えて味を調える。

倉敷三斎市で朝弁を開発

沿線食材レシピ

蓮根もち

材料（4人分）
1. れんこん ——————— 100 g
   （すりおろし80 g、刻み20 g）
2. 濃口醤油 ————————— 少々
3. 砂糖 ——————————— 少々
4. 塩 ———————————— 少々
5. 片栗粉 ———— 大さじ1（固さをみて）

作り方
① れんこん80 gは、すりおろしてキッチンペーパーで軽く水分を取る。20 gは大きめのみじん切りにする。
② 1に濃口醤油・砂糖・塩を加え片栗粉で固さを調整する。
③ 1個25 gに計り、170℃の油で揚げる。

黄ニラの だし巻玉子

材料（4人分）
1. 玉子 ——————————— 3個
2. 黄ニラ ———— 1/3束（1cm幅に切る）
3. だし汁 ————————— 50cc
4. みりん ————————— 小さじ1
5. 薄口醤油 ———————— 小さじ1
6. 塩 ———————————— 少々

作り方
① 玉子と調味料を合わせザルで漉す。
② 切った黄ニラを加える。
③ 巻鍋で巻き、まきすで形を整える。
④ 1本を4等分に切る。

タコの 柔らか煮

材料（4人分）
1. ボイルタコ足 ———————— 4本
2. 大根の輪切り ——————— 1/10本
3. タコの煮汁（だし汁 800cc・日本酒 100cc・濃口 40cc・みりん 30cc・砂糖 30 g）

作り方
① タコ足は一度よく洗い水分を拭く。大根は輪切りにする。
② タコ足・煮汁・大根を鍋にいれ、火にかける。
③ 沸騰したら弱火で3時間炊く。炊き上がったらそのまま氷水で冷やす。

ネブト 南蛮漬け

材料（4人分）
1. ネブト ————————————— 12匹
2. 片栗粉 ————————————— 適量
3. 南蛮酢（合わせて火にかけ冷ましておく）
（だし汁 78cc・酢 30cc・砂糖 12 g・みりん 12cc・薄口醤油 12cc・濃口醤油 12cc）

作り方
① ネブトは一度、水洗いして、水分をしっかり拭く。
② 片栗粉をまぶし、170℃の油で揚げる。
③ 南蛮酢に1日漬ける。
④ 1日漬けたら串に刺す。
　※赤色、南蛮酢に色粉を加える
　※黄色、南蛮酢にカレー粉を加える
　※白色、南蛮酢

毎月第3日曜日に倉敷駅前商店街で開催されている倉敷三斎市に、おかやま山陽高校も時折参加している。
平成28年は、倉敷三斎市実行委員会の要望に応え、若者が食べたくなるようなお弁当を開発。下津井のタコ、総社のセロリ、玉島の玉子、連島ごぼう・連島れんこんなど高梁川流域の食材を使った「朝弁」を、11月の三斎市会場で販売。早々に完売した。
倉敷三斎市の他にも県内各地の様々な催しにも参加。レシピの開発や高校生レストランなどの活動を行っている。

水島臨海鉄道の魅力

水島臨海鉄道は倉敷市中心部と水島地域という短い区間を走る地方の公共交通機関だが、ココにしかないというものも多いので、ぜひ足を運んでみて欲しい。

● 西日本唯一の臨海鉄道

臨海鉄道は、旧国鉄と連携して貨物輸送を行うために設立された大規模な臨海工業地域における輸送を行う地方鉄道。大半は東海以東に集中しており、西日本では水島臨海鉄道のみ。

貨物輸送だけでなく旅客輸送も行っているのは、日本では水島臨海鉄道と鹿島臨海鉄道だけだ。貨物列車の運行は水島臨海鉄道の大きな収入源となっている。

● 貴重な車両

水島臨海鉄道では、全7種、計15両の気動車と機関車を保有。中には水島臨海鉄道以外では見られない貴重な車両も。

キハ20
昭和35年製造のもっとも古い車両。205の1両のみ保有。国鉄色。日本で走っている2両のうちの1両で、水島臨海鉄道以外では、ひたちなか海浜鉄道で見られる。平成29年3月19日のさよならイベントをもって引退した。

キハ38
水島臨海鉄道のみで見られる車両。全国でわずか7両しか製造されなかったこの車両は久留里線から譲渡されてやってきた。懐かしい国鉄色。平日の朝夕ラッシュ時に定期運行されている。

キハ30
1両のみ運用。国鉄色。秋冬に定期運行されている。

キハ37
全国でわずか5両しか製造されなかった車両で、水島臨海鉄道のみで見られる。3両が在籍しており、101・102が水島臨海鉄道色、103が国鉄色。前述のキハ38とともに2両編成を組み、平日の朝夕ラッシュ時に定期運行されている。

MRT300
水島臨海鉄道のオリジナル車両として、現在の路線の顔となっている。一部車両は青色の車体にひまわりの絵が施され、「ひまわり号」と呼ばれている。

● 様々なイベント

定期的に行われる「鉄道の日」のイベントなども魅力のひとつ。
車内の内装も季節に合わせて変えているそう。春には、恒例の「雛列車」を「倉敷雛めぐり」「みずしま雛めぐり」と連携して運行。列車内には、地元の園児たちによる手作りお雛さまが展示される。

鉄道の日イベント体験記

平成28年の水島臨海鉄道「鉄道の日」イベントは、10月16日（日）に倉敷市駅や水島駅、水島臨海鉄道本店（栄駅から徒歩5分）で、開催された。
興味津々なもの満載！

● 1日フリーきっぷ

まずは倉敷市駅で「1日フリーきっぷ」（大人800円・小人400円）を購入。これ1枚で水島臨海鉄道が乗り放題。スタンプの台紙もついてくる。

● キハ２０５に乗車！

今回のメインとも言える注目度。今は定期運行を行っていないキハ205が運行され、早速乗車。車内は立席の方も多くいた。
沿線には貴重な車両を撮影するべく多くの鉄道ファンの姿も。

● 限定グッズ

倉敷市駅と水島駅では、実際に使用した車内吊りやポスター、文具などの限定グッズの販売が行われていた。昼前には完売していたので、早めの購入がおすすめ。
缶バッジは色々種類があるが、今回は7種類のみの販売。また次回が楽しみだ。

● スタンプ設置

イベントの時だけ設置されるスタンプが登場。中にはスタンプ帳を持って来ている方もおり、子どもたちも楽しそうに押していた。

● 各種展示

本店では、キハ37・38のNゲージ（鉄道模型）や廃車発生品、かつての駅の姿や過去の記念きっぷの展示が行われていた。

水島臨海鉄道の歴史
～水島とともに歩んだピーポーの歴史～

水島臨海鉄道の歴史は、水島の歴史から始まる。わずか10kmの歴史だが、その10kmには多くの人が乗り、多くの物資を運び、多くの人が支え支えられ、現在に至っている。
ぜひ一駅一駅、そして沿線をじっくり眺めてみて欲しい。

第一号蒸気機関車（撮影：安藤弘志氏・倉敷市所蔵）昭和28年

1. 水島の誕生と水島航空機製作所

　明治時代以前の水島は現在の工場や街並みはなく東高梁川と瀬戸内海が広がっていた。しかし東高梁川は、以前から氾濫が多くたびたび付近の集落に被害を与えていたことから、住民の要望により明治44(1911)年から大正14(1925)年まで改修工事が行われた。東分流を酒津で締め切った結果、西高梁川が現在の高梁川となり、東高梁川は無くなり大きな廃川地ができたのである。
　昭和16(1941)年、新しい航空機製造工場用地を探していた三菱重工業が、この廃川地とその河口付近の海域からなる水島地域に、航空機を製作する工場と、働く人が暮らすためのまちを新たに建設することを決定した。
　翌昭和17(1942)年に工場建設を開始した一方、水島地域へ工場建設や市街地整備のための資材や工場での製品を作るための物資、完成品を運ぶ流通路が、当時の道路網や港湾施設では貧弱であるため、鉄道をつくることになった。この鉄道こそが現在の水島臨海鉄道である。この鉄道は同年6月に三菱重工が計画、8ヵ月の短い期間で鉄道を敷設し昭和18(1943)年3月に開通、同年7月に倉敷から水島航空機製作所間が開業した。

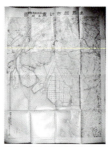

「連島都市計画土地区画整理」
図面 昭和17年

水島空襲当時の水島

2. 戦中から戦後へ変わりゆくまちと鉄道

　三菱重工業水島航空機製作所の専用鉄道（専鉄とも呼ばれる）は工員専用の列車として、倉敷〜水島間9.2kmを走っていた。水島航空機製作所では一式陸上攻撃機や紫電改を製作していたが、昭和20（1945）年6月22日に米軍による水島空襲があり、工場は壊滅的被害を受けた。そして同年8月15日終戦になり、水島航空機製作所は三菱重工水島機器製作所として軍事工場から平和産業へとがらりと変わることになったのである。専用鉄道も昭和22（1947）年に三菱重工業から水島工業都市開発株式会社の経営になり（以下工都会社という）、三菱の工員だけを輸送するだけでは経営困難と地域住民の要望により、翌年6月に免許を受けて地方鉄道の営業を開始した。このことにより地域の足として地域住民が乗れるようになったのである。営業開始当時は、社倉敷駅（現在の倉敷市駅）、福田駅、岡山工場駅のほか、新たに五軒屋駅、水島港駅に加え、福田駅を弥生駅に、岡山工場駅を水島駅と改称、その後昭和24年に球場前駅と西富井駅を増設することとなった。

制服貸与記念に写す 昭和27年

水島港停車中の貨物列車（撮影：安藤弘志氏・倉敷市所蔵）
昭和29年

3. 戦後の復興と共に　増えゆく需要への変革

　工都会社の鉄道部門の経営は苦しかったが、岡山県と倉敷市が水島に工場を誘致する一つの条件として、新設する工場に鉄道の引き込み線を敷設して、出荷される製品の鉄道輸送を確保することを確約するために昭和27（1952）年、工都会社の鉄道部門を倉敷市に譲渡し、倉敷市交通局線となった。

　その後新型のディーゼル機関車を導入するなど輸送力増強に努めた結果、昭和42（1967）年度には交通局発足当時の約9倍まで貨物輸送量が増加、更なる輸送需要に応じるため、昭和45（1970）年4月に国鉄、倉敷市、岡山県、水島地区関係企業が出資する第三セクター「水島臨海鉄道」が誕生し営業を開始した。同年9月には水島駅コンテナ基地が営業開始し、またその翌月には国鉄岡山操車場まで直通列車を運転開始している。また、翌年には水島から東京まで約10時間で直通する貨物列車が運行を開始した。このように水島臨海鉄道となってから一気に変革を見せたのである。

貨物列車 DE701とDD501

コンテナ輸送を行う

4. これからも水島にピーポーを　時代に合わせて変えゆく鉄道

　貨物部門は昭和47(1970)年3月に、トラック輸送の関連会社水島臨海通運(株)と東水島駅のコンテナ基地の営業を開始し、輸送力を増強した。昭和59(1984)年には倉敷貨物ターミナル駅を開業し、東水島駅と二つに貨物駅を集約している。また、平成9(1997)年には海上コンテナの輸送を開始し、トップリフターという大型コンテナの持ち運びができるリフトを導入し現在に至っているが、貨車による輸送は平成17(2005)年度からなくなりコンテナ輸送のみとなった。
　旅客輸送に関しては昭和47(1972)年から平成4(1992)年にかけて5駅が営業開始し、昭和56(1981)年には国鉄倉敷駅前に倉敷市駅が移転し、現在のような形になっている。
　平成4(1992)年、常盤駅の営業開始とともに、水島高架化の完成となり長年の開かずの踏切による沿線の交通渋滞を解消する事ができたのである。平成7(1995)年に新型車両で現在の主力であるMRT300形式を導入、平成8(1996)年にはコスト削減のため車掌のいないワンマンカーが運転開始され、平成14年には土日祝の列車がすべてワンマン運転となった。キハ20の老朽化にともない、JR東日本からキハ37、キハ38、キハ30を譲り受け平成26(2014)年より運転開始し、現在に至っている。

東水島駅 コンテナ基地　　　MRT300型式の車両(MRT304)　　　キハ37.38.30型式出発式 平成26年

ピーポーの歩み

1138年	水島灘の乙島、柏島で源平合戦　水島の戦いがおこる
1550年	玉島港と松山(高梁市)間で高瀬舟による物資の輸送がはじまる
1584年	宇喜多秀家が早島から高梁川河口まで汐留堤防(宇喜多堤)を築く
1616年	倉敷、玉島付近の水島灘で新田開発が始まる
1891年	倉敷町に山陽鉄道倉敷駅開業、初めての鉄道ができる
1911年	高梁川改修工事が始まる
1925年	高梁川改修工事が完成　西高梁川が本流となり、東高梁川は廃川(はいせん)となった。後に、旧河口部は水島市街地、旧堤防には水島鉄道も中央部には八間川が造成された
1941年	埋立で広がった河口部に三菱重工業水島航空機製作所(現三菱自動車水島製作所)が誘致されることが決まり、鉄道をつくることとなった
1943年	旧三菱重工業水島航空機製作所(現三菱自動車水島製作所)専用鉄道、開通(3月) 旧三菱重工業水島航空機製作所専用鉄道として倉敷～水島航空機製作所間9.2km開業。工員輸送のみ。通称「専鉄」(7月)
1945年	6月22日、水島空襲。水島航空機製作所が米軍の空襲により、破壊される(6月)
1946年	専用鉄道の管理が三菱地所に移る(5月)
1947年	水島工業都市開発株式会社設立。専用鉄道の管理が移る。通称「工都会社」(4月)
1948年	地方鉄道の免許を受けて、一般営業線として営業を開始。「ピーポー」と呼ばれた(6月) 社เดียว敷(現在の倉敷)～水島から水島港間を地方鉄道として開業(8月)
1949年	球場前駅開業(5月) 西富井駅開業(11月)
1952年～1960年	倉敷市に譲渡、倉敷市交通局運営の市営鉄道になる。「倉敷市交通局線」(4月) 水島～水島港間の旅客営業廃止
1953年	水島臨海工業地帯の建設が始まる
1962年	水島港～西埠頭間開業
1965年	水島～川鉄前間開業

1967年	旧倉敷市、児島市、玉島市が新設合併、新たな倉敷市となる
1968年	五軒屋駅休止(10月)
1970年	第三セクターとして「水島臨海鉄道株式会社」を設立し、営業開始する。今日の「りんてつ」(4月) 水島駅コンテナ基地営業開始(9月) 水島～国鉄岡山操車場間に直通列車運転開始。栄町操車場でコンテナ輸送開始。(10月)
1972年	東水島コンテナ基地営業開始。東水島～東京貨物ターミナル間直通列車、毎日運行、貨物取扱量大幅に増加(3月) 水島～三菱自工前間の旅客営業開始。三菱自工前駅開業(9月)
1973年	西富井駅を0.4km起点側に移転。高架完成(5月) 球場前駅を0.5km倉敷市駅寄りに移転(10月)
1976年	休止中の五軒屋駅廃止(12月)
1981年	倉敷市駅を国鉄(現在のJR西日本)倉敷駅前に移転(4月)
1984年	三菱自工前から川鉄間間に倉敷貨物ターミナル駅開業。倉敷貨物ターミナル駅から川鉄間、水島駅から西埠頭間を廃止。(3月)
1986年	栄駅開業(3月)
1988年	浦田駅開業(3月)
1989年	福井駅開業(3月)
1992年	浦田から三菱自工前間の鉄道高架事業完成。常盤駅開業。(9月)
1995年	新型車両MRT300型式　運転開始(2月)
1996年	ワンマン運転開始(3月)
2002年	土曜、日曜、祝日は全列車ワンマン運転(3月)
2014年	キハ30、キハ37、キハ38型式車両運転開始
2016年	西埠頭線廃止 (三菱自工前駅～西埠頭間)

参考文献：岡山県編集発行『水島のあゆみ』(昭和46年)
倉敷市史研究会『新修倉敷市史＜第7巻＞現代』(2005年)山陽新聞社
倉敷市交通局発行『局只』(昭和44年)

水島臨海鉄道と沿線の未来予想

戦中戦後と時代とともに変革を遂げてきた水島臨海鉄道とその沿線の町々。これから先はどう変わっていくのだろうか。
水島臨海鉄道と沿線の未来について、取材先の皆さんや、水島臨海鉄道に50年以上携わってこられた地元のレジェンド岡野弘さん（水島の未来を考える会会長）、コンビナート企業に携わってこられ街づくりなどで活躍されている古川明さん（NAdiAローカルアドバイザー）、水素電車に詳しい岡山経済同友会環境エネルギー委員会副委員長の吉田淳一さん（萩原工業株式会社）らに、お話を伺った。

● バリアフリー化を

駅の階段が非常に急で、上るのに苦労するという声が多く聞かれた。エレベーターやエスカレーターなどのバリアフリー化を期待したい。特に、常盤駅と弥生駅は急務と感じた。
ハード面だけでなく、困っている人に我々一人一人が声をかけ手助けをするなどして、バリアフリー化の一翼を担っていくことも大切だろう。

● 水島の貴重な財産を活かそう！

ほんの2kmの間に駅が3つもあるという国内でもユニークな「臨海鉄道」が商店街に沿って走っている。水島には貴重な財産が満載。その一つがエリア内に8つもある公園だ。
描ける夢は無限、公園ごとに「ドッグラン」、「スケボー」「キッズランド」など、あらゆる人たちのニーズに叶う倉敷のパークであって欲しい。

今評判の「コンビナートナイトクルーズ」を手始めに、港内に船を浮かべコンビナートの炎燃え盛る前での「洋上神楽パフォーマンス」、更には「水素で走る臨鉄」などの実現に向け、水島で未来の夢を見たい人たちにとって、夢のある鉄道であって貰いたい。

● 水島臨海鉄道に水素電車を走らせよう！

「水島で世界初のことをやりたい、そう言えば水島に水素がたくさんありそうだ」ということから、水島臨海鉄道に水素電車を走らせよう、というアイデアが、地元の経済団体から提言された。水素で走る乗用車は既に実用化されており、バスももうすぐ発売される予定。その次はいよいよ鉄道だ。
世界初の水素電車は、まだ実用化されていない。技術開発の途中だが、ここから実用化までの間に、試験走行が必要。この試験走行の場として、水島臨海鉄道が名乗りを上げ、試験終了後はそのまま営業運転してもらうのが狙い。
少しずつだが、水素電車への機運が高まっている。是非、水島臨海鉄道に世界初の水素電車を走らせよう！

● 温暖化対策の先陣を

沿線にお店や会社があるのに水島臨海鉄道をあまり利用したことがない人、車で水島臨海工業地帯に通勤する人は、まだまだ多い。
沿線の高校生だけでなく、地元住民や水島臨海工業地帯に通勤する人の足となる鉄道へ成長していって欲しい。
将来的には、水素電車を導入して温暖化対策の先陣を！

挿絵：中嶋直樹

子どもたちの描く未来の列車

　未来の水島臨海鉄道の列車って、どんな姿をしているだろう？

　水素電車を走らせようというアイデアも提言されている。そんな未来の姿を、子どもたちが描いたらどんなものになるだろうか。

　そう思って、くらしきピーポー探偵団は「水島臨海鉄道 水素列車の絵を描こうワークショップ」を企画し、平成28年11月12日に水島小学校で実施。

　1年生から6年生までの小学生が、思い思いの形と大胆な色使いで描いてくれた。
未来の列車へようこそ！

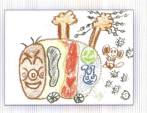

索引

あ

EYE'S ARENA（アイズ アリーナ） ……… 25
朝 ………………………………………… 51
穴場神社 ………………………………… 28
天津神社 ………………………………… 41
いすー1グランプリ 岡山大会 ………… 63
板谷畳店 ………………………………… 34
田舎や徳膳 ……………………………… 46
インテリア藤森 ………………………… 51
ウエイトリフティング場 ……………… 20
「浮くかたち」―垂 …………………… 69
浦田駅 …………………………………… 36
浦田駅界隈歴史散策 …………………… 41
浦田駅付近の昔の風景 ………………… 39
浦田神社 ………………………………… 41
沿線食材レシピ ………………………… 76
岡本肇先生作品展示室 ………………… 40
岡山県立倉敷中央高校 ………………… 32
岡山県立都市公園 水島緑地 ………… 67
お好み焼鉄板焼 みやもと …………… 54

か

海岸通2丁目 …………………………… 73
菓子工房 菓の森 ……………………… 34
菓子工房 プチ・ブラン ……………… 18
株式会社カンキュー …………………… 19
株式会社倉敷ケーブルテレビ ………… 35
株式会社ふるいち 富井工場 ………… 24
亀島山 …………………………………… 68
亀島山からの夜景 ……………………… 96
喫茶ベニバラ …………………………… 46
キッチンカフェ めんどりや ………… 27
旧倉敷市駅 ……………………………… 13
旧五軒屋駅 ……………………………… 41
球場前駅 ………………………………… 16
弓道場 …………………………………… 20
旧日本専売公社 ………………………… 27
旧水島駅 ………………………………… 67
旧弥生駅 ………………………………… 47
組曲「海」 ……………………………… 69
倉工応援団と市営球場の思い出 ……… 21
倉敷運動公園 …………………………… 20
倉敷紀念病院 …………………………… 26
倉敷古城池高校の藤棚 ………………… 46
倉敷三斎市 ……………………………… 14
倉敷三斎市で朝弁を開発 ……………… 81
倉敷市駅 ………………………………… 10
倉敷市営球場 …………………………… 20
倉敷自動車教習所 ……………………… 25
倉敷市水島体育館 ……………………… 66
倉敷市立西中学校 ……………………… 14
倉敷市立南中学校 ……………………… 32
くらしき農業まつり …………………… 76
くらしきピーポー探偵団が行く！ …… 29
くらしきピーポー探偵団メンバー …… 94
倉敷武道館 ……………………………… 19
倉敷ミルクフーズ おだ ……………… 38
倉商・水工の取り組み ………………… 15

クレープ倉敷小町	28
慶州苑	46
GERUZ(ゲルズ)	52
五軒屋「松」疎開工場の給水塔	41
こころ屋	60
子どもたちの描く未来の列車	88
コミュニティと郷土愛	35

さ

栄駅	48
茶房 いね	38
四十瀬	21
白い森	51
スイーツ&カフェ ミルクラウン	61
砂持ち祭	28
スポーツクラブ アクトス倉敷	40
スヤマ・本・文具店	44
スワンベーカリー倉敷店	39
専売公社引き込み線跡	24

た

大衆割烹 千成	13
たまのや化粧品店	54
中華料理とらや	58
中国伝統整体 元気のツボ	34
中国料理 娘娘	18
連島ごぼう	77
テニスコート	20
東方繊工株式会社 倉敷天領大黒	26

常盤駅	56
常盤町	61
土曜夜市	54
トレーニングルーム	20

な

中洲小学校のクスノキ	18
中谷興運株式会社	72
ナンバ宝石店	50
西中学校ボランティア	15
西富井駅	22
軟式野球場	20

は

BER TAKEMOTO	53
萩原工業株式会社	73
八間川	40
浜野清正堂	59
ピーポー車窓ガイド	9
ピーポー弁当	44
ピーポーようかん	59
東栄町	53
ひなたの台所	44
プール	20
福井駅	30
福田神社	47
Flower Shop プチ	44
ブンヤ時計電器店	60
ホテルナンカイ倉敷	68

ま

丸五ゴム工業株式会社 ・・・・・・・・・・・・・・・・・ 24
MATANA ・・・・・・・・・・・・・・・・・・・・・・・・・・・・ 45
水島愛あいサロン ・・・・・・・・・・・・・・・・・・・・・ 68
水島朝市 ・・・・・・・・・・・・・・・・・・・・・・・・・・・・ 66
水島駅 ・・・・・・・・・・・・・・・・・・・・・・・・・・・・・・ 64
水島港湾合同庁舎 ・・・・・・・・・・・・・・・・・・・・・ 74
水島信用金庫 ・・・・・・・・・・・・・・・・・・・・・・・・ 62
水島地区食育栄養まつり ・・・・・・・・・・・・・・・ 78
水島中央公園 ・・・・・・・・・・・・・・・・・・・・・・・・ 62
水島中央公園のイルミネーション ・・・・・・・・ 99
水島通船株式会社 ・・・・・・・・・・・・・・・・・・・・ 72
水島図書館 ・・・・・・・・・・・・・・・・・・・・・・・・・・ 63
水島灘源平太鼓 ・・・・・・・・・・・・・・・・・・・・・・ 62
水島ポートパーク ・・・・・・・・・・・・・・・・・・・・・ 75
水島マチヅクリ株式会社 ・・・・・・・・・・・・・・・ 63
水島港まつり ・・・・・・・・・・・・・・・・・・・・・・・・ 66
水島臨海鉄道が大好き(まゆみゆ)・・・・・・・・ 55
水島臨海鉄道と沿線の未来予想 ・・・・・・・・・ 87
水島臨海鉄道に乗ってみよう! ・・・・・・・・・・・ 8
水島臨海鉄道の魅力 ・・・・・・・・・・・・・・・・・・ 82
水島臨海鉄道の歴史 ・・・・・・・・・・・・・・・・・・ 84
水の精 ・・・・・・・・・・・・・・・・・・・・・・・・・・・・・ 45
三菱自工前駅 ・・・・・・・・・・・・・・・・・・・・・・・・ 70
三菱自動車工業株式会社水島製作所 ・・・・・ 72
三宅商店 ・・・・・・・・・・・・・・・・・・・・・・・・・・・・ 38
名物うどん 横田 ・・・・・・・・・・・・・・・・・・・・・ 33

や

やきとり秀 水島本店 ・・・・・・・・・・・・・・・・・ 58
焼肉 よかろう ・・・・・・・・・・・・・・・・・・・・・・・ 52
「宿借り」―住めば都 ・・・・・・・・・・・・・・・・・・ 69
やよい衣料 ・・・・・・・・・・・・・・・・・・・・・・・・・・ 44
弥生駅 ・・・・・・・・・・・・・・・・・・・・・・・・・・・・・ 42
弥生堂 ・・・・・・・・・・・・・・・・・・・・・・・・・・・・・ 45
吉田珈琲店 ・・・・・・・・・・・・・・・・・・・・・・・・・ 58

ら

陸上競技場 ・・・・・・・・・・・・・・・・・・・・・・・・・ 20
リサイクルショップおもしろ館 ・・・・・・・・・・ 50
LIQUOR SHOP ABE(リカーショップあべ)・・ 50
龍神 ・・・・・・・・・・・・・・・・・・・・・・・・・・・・・・・ 51
リンクスランドゴルフクラブ ・・・・・・・・・・・ 25
ルシカ ・・・・・・・・・・・・・・・・・・・・・・・・・・・・・ 26
レコード屋さん TUCKER1(タッカーワン)・・ 52
列車と木造校舎 ・・・・・・・・・・・・・・・・・・・・・・ 33
Let's剛(れっつごう) ・・・・・・・・・・・・・・・・・・ 26
煉瓦亭 ・・・・・・・・・・・・・・・・・・・・・・・・・・・・・ 52
レンタル自転車利用、倉敷 健彩館 ・・・・・・・ 12

Kurashiki Pi-Po- Tanteidan

「くらしきピーポー探偵団」メンバー

(順不同)

倉敷商工会議所青年部
平成28年度産学連携委員会及びプロジェクトメンバー

倉敷芸術科学大学　　　　　　　　　　　　　　　　（取材・写真・イラスト・編集）

阿部 真由子	荒木 宏太	井上 大輔	今田 倩子	岡村 美咲	桂 将也
川上 杏菜	神田 菜保子	久保 知樹	久保 向日葵	児玉 奈未	佐伯 洸輔
坂本 茜	坂本 稔久	坂本 麻理子	滝沢 孝介	武内 のぞみ	土岐 徳孝
白井 亮輔	橋本 尚弥	畑 瑛世	花田 昌樹	林 直瑠	藤原 綾美
松本 真宜	森島 雄輝	森本 健太	八木 新之介	山村 秀斗	山本 聡哉
吉原 萌恵	龍門 理恵	渡辺 あゆみ			

くらしき作陽大学　　　　　　　　　　　　　　　　　　　　　　（沿線食材レシピ）

小松 愛実	齋藤 あゆみ	月谷 慧見	原田 美和子	板東 志穂	藤原 真弓
松江 誠也	山岡 直未	山根 未佳	山本 朱里		

倉敷中央高校　　　　　　　　　　　　　　　　　　　　　　（取材・写真・編集）

赤井 天音	池田 彩実	石井 綾乃	石原 百音	岩浅 芹奈	岩田 紗枝
上田 彩夏	大上 里穂	小川 真由花	梶山 瑞弓	川田 萌愛	川村 涼子
小玉 千歳	小津野 麻佑	小西 朝子	小原 奈保子	小山 眞里亜	下田 真央
新名 里咲子	陶山 朋佳	多賀 悠華	武内 世莉	多月 涼葉	田中 淳奈
田原 愛菜	手島 充央	中田 寿々花	難波 紗保	新田 幸永	藤生 まなみ
藤原 梨紗	松田 奈実	村田 実優	森 彩菜	森 愛奈	森山 桃可
吉田 光花					

倉敷商業高校　　　　　　　　　　　　　　　　　　　　　　　　（原稿・写真）

中山 朋子	松下 実乃里	森岡 七星	元家 聡実

水島工業高校　　　　　　　　　　　　　　　　　　　　　　　　（原稿・写真）

岸 由峰

おかやま山陽高校　　　　　　　　　　　　　　　　　　　　　　　　　　　　　（沿線食材レシピ）

伊藤　芳明	岡田　留依	岡本　大輝	奥　　穂風	折橋　紗佳	加藤　昌希
河相ほのか	北村　美季	桑田　直生	坂本　沙菜	佐藤友理乃	三田　窓花
菅原　華奈	諏訪穂乃佳	関藤　将成	妹尾　真奈	曽田　翔太	檀上　直人
徳田　桂也	西田井陽菜	西村日菜子	平松　蓮華	廣末　蒼輝	本田　理暉
松岡　潤	松原　幸奈	三島沙緒莉	南　　世歩	三原菜々華	森岡　幸恵
山元　聡	鷲田　和音				

倉敷南中学校　　　　　　　　　　　　　　　　　　　　　　　　　　　　　　（列車のデザイン画）

相田　真佑	青木　将馬	飯塚美朝子	池上　まこ	池田　琴美	板谷　彩花
大月安佳里	大平　春香	乙倉　綾花	小野紗也加	河村　大青	岸上　姫奈
岸本　美桜	木屋　芹菜	玄馬　颯夏	古谷　絹	小林　里保	酒向菜々実
芝田　乃彩	志摩　祐太	島田　夢叶	白神　憧子	杉本　恵	高越　優
田中　祐希	中藤　早紀	中村　友海	西澤　正秀	西村　千尋	能登　奈生
藤峰　輝	堀内　智貴	本多　優音	松浦　百美	丸本　渚	宮田　あみ
宮林　ゆみ	山口　貴子	山下　愛佳	吉岡　いよ	吉田　美月	渡辺　太洋

水島小学校　　　　　　　　　　　　　　　　　　　　　　　　　　　　　　　　（未来の列車の絵）

北垣　賢人	小田　萌乃	鶴馬　希彩	近藤　師子	岡田　華奈	中山明日香
樋上　晴太	樋上　虹太	高山　稟花	津田　小町	滝澤　一瑠	村上　安里
中山　琉伊	高山　美憂	津田　静	吉田　優来	森下　雪音	中野　瑤菜
小川　耀平	三宅　悠斗	今城　麻佑	高宮　優斗	小松原千騎	河田　叶夢
村上　華那	北垣　茜	中山　弥咲	三宅　凜	三宅　咲綾	梅木　悠汰
徳　　愛鈴	吉川　英雄				

※大学生の取材活動は、「地（知）の拠点整備事業」（大学COC事業）の一環として実施されました。

協力者　　（順不同）

㈱エフエムくらしき●大谷匡澄●公益財団法人大原美術館●岡　浩二●おかやま山陽高校●亀島山地下工場を語りつぐ会●㈱倉敷ケーブルテレビ●倉敷芸術科学大学●くらしき作陽大学●倉敷市●倉敷商工会議所●倉敷商業高校●倉敷中央高校●倉敷まちづくり㈱●倉敷南中学校●クラブン㈱●㈱山陽新聞社●一般社団法人高梁川流域学校●Tif Production●萩原工業㈱●Billiooo●水島家守会社Nadia●水島おかみさん会●水島工業高校●水島小学校●水島商店街振興連盟●公益財団法人水島地域環境再生財団●水島地区栄養改善協議会●水島の未来を考える会●水島マチヅクリ㈱●ミズシマ盛りあげ隊●水島臨海鉄道㈱●水島を元気にする会●弥生町アイロード商店街

おわりに

　くらしきピーポー探偵団が作成した水島臨海鉄道沿線手帖、あなたの心にはどのように映ったでしょうか。昭和から平成へと激動の時代を駆け抜けてきた水島臨海鉄道、その歴史とともに形作られてきた街並みと人々の営みに興味をそそられたことでしょう。

　くらしきピーポー探偵団は、平成28年早春、倉敷と水島のまちづくりを繋ぐため、市民の重要な公共交通機関である水島臨海鉄道沿線の活性化を目指して、倉敷芸術科学大学・くらしき作陽大学・倉敷中央高校の教育連携事業に倉敷商工会議所青年部(以下、倉敷YEG)が協力して結成することになりました。

　手帖の作成方法ですが、まず取材班として倉敷市駅から水島自工前駅までの駅ごとにチームを編成(倉敷芸術科学大学、倉敷中央高校及び倉敷YEG)、駅を中心に半径1km圏内を歩き回り取材しました。別動隊として臨鉄調査チームを編成(同上)、鉄道の利用方法、歴史、更には未来の姿までイメージしてみました。同時に編集班を編成(倉敷芸術科学大学、倉敷YEG)、記事の構成・編集からデザイン画の作成まで担当しました。次に沿線の地産地消調査隊を編成(くらしき作陽大学)、地元の食材を探索するとともに、その食材を利用したレシピを考案しました。不思議なことに、取材を進めていくと徐々に探偵団の仲間が増えていったのです。キハ37型式の列車デザイン画(倉敷南中学校)、未来の水素電車の絵画(水島小学校)、倉敷三斎市探検隊(倉敷商業高校、水島工業高校)並びに地産地消弁当レシピ作成隊(おかやま山陽高校)と、最終的になんと200名を超える規模まで！

　しかし、限られた時間の中で手帖を作成する作業は困難を極めました。大学生と高校生、倉敷YEGメンバーの活動時間帯の違い、バイトや受験勉強、本業の仕事などによる不参加、事前準備の不足からうまくコミュニケーションがとれなかったり、写真の撮り直しに奔走したりと。また、取材した膨大な情報をコンパクトな記事にまとめる編集作業にも相当骨が折れました。それでも、何とかチームの空いた穴を皆でカバーしながら、何とかこの手帖を完成させることができたのです。この手帖は全てくらしきピーポー探偵団の手作りであり、メンバー全員の思いがこもった世界に一冊しかないものです。

　探偵団のメンバーはこの活動を通じて大きく成長しました。そしていつの日か、このメンバーの中から沿線地域の活性化を担う者が現れることでしょう。

　最後に、取材に協力して頂いた地域の方々、卓越した構成・編集技術とデザイン力で手帖完成へと導いて頂いた吉備人出版の山川隆之社長及び日下デザイン事務所の日下巧代表には心より感謝申し上げます。

　　　　　　　　　　　　　　　　　　　　くらしきピーポー探偵団
　　　　　　　　　　　　　　　　　　　　団長　秋田　修一

活動の様子・写真

Kurashiki Pi-Po- Tanteidan

亀島山からの夜景

露光時間を少し長くして撮影すると肉眼では見えなかった世界がたちまち画面の中に現れる。
亀島山は全国でも数少ない工場夜景が撮れるスポット。

水島中央公園のイルミネーション

クリスマスシーズンに恒例となったイルミネーション。

撮影者：野呂 家徳

著者紹介

倉敷商工会議所青年部（くらしきしょうこうかいぎしょせいねんぶ）

　倉敷商工会議所青年部は平成8年9月26日、会員相互の親睦と連携を密にして、倉敷商工会議所の事業活動への参画協力を通じて、青年経営者としての研鑽、企業の発展、地域の振興を図り、兼ねて社会福祉の増進に寄与することを目的として設立され、本年度をもって20周年を迎えた。

　商工会議所青年部は、英語名(Young Entrepreneurs Group)の頭文字をとり「YEG」と略し、同時に商工会議所青年部の持つコンセプト(若さ、情熱、広い視野を持った経営者＝Youth, Energy, Generalist)を表している。

　平成28年12月20日現在の会員総数は179名。

　本年度は、20周年記念事業として「水島臨海鉄道沿線手帖」刊行のほか、平成28年10月に「くらしきハロウィン」、平成29年2月に「創立20周年記念式典」を開催した。

書　　名　水島臨海鉄道沿線手帖
　　　　　〜くらしきピーポー探偵団が行く！
2017年3月25日　第1版　第1刷　発行
企画・編集　倉敷商工会議所青年部産学連携委員会
発　　行　倉敷商工会議所青年部
発　　売　吉備人出版
　　　　　〒700-0823 岡山県岡山市北区丸の内2丁目11-22
　　　　　電話：086-235-3456
印　刷　所　ササベ印刷株式会社
　　　　　〒710-0806 岡山県倉敷市西阿知町西原1327
　　　　　電話：086-466-1111

デザイン・地図製作　　日下デザイン事務所
表紙原画・中表紙挿絵　冨田　康雄

ISBN978-4-86069-498-2
C0065 Y1000E